Klippert

Nach der Lernmethodik
von Dr. Heinz Klippert

Nicole Geißler

Religion

Abraham
Josef

Grundschule 1/2
Kopiervorlagen

Wir haben uns für die Schreibweise mit dem Sternchen entschieden, damit sich Frauen, Männer und alle Menschen, die sich anders bezeichnen, gleichermaßen angesprochen fühlen. Aus Gründen der besseren Lesbarkeit für die Schüler*innen verwenden wir in den Kopiervorlagen das generische Maskulinum.

1. Auflage 2020
© 2020 Auer Verlag, Augsburg
AAP Lehrerwelt GmbH
Alle Rechte vorbehalten.

Das Werk als Ganzes sowie in seinen Teilen unterliegt dem deutschen Urheberrecht. Der Erwerber des Werks ist berechtigt, das Werk als Ganzes oder in seinen Teilen für den eigenen Gebrauch und den Einsatz im Unterricht zu nutzen. Die Nutzung ist nur für den genannten Zweck gestattet, nicht jedoch für einen weiteren kommerziellen Gebrauch, für die Weiterleitung an Dritte oder für die Veröffentlichung im Internet oder in Intranets. Eine über den genannten Zweck hinausgehende Nutzung bedarf in jedem Fall der vorherigen schriftlichen Zustimmung des Verlags.

Sind Internetadressen in diesem Werk angegeben, wurden diese vom Verlag sorgfältig geprüft. Da wir auf die externen Seiten weder inhaltliche noch gestalterische Einflussmöglichkeiten haben, können wir nicht garantieren, dass die Inhalte zu einem späteren Zeitpunkt noch dieselben sind wie zum Zeitpunkt der Drucklegung. Der Auer Verlag übernimmt deshalb keine Gewähr für die Aktualität und den Inhalt dieser Internetseiten oder solcher, die mit ihnen verlinkt sind, und schließt jegliche Haftung aus.

Covergestaltung: Fotosatz Griesheim GmbH
Umschlagfoto: Adobe Stock: #100291262, Urheber: Photocreo Bednarek
Illustrationen: Corina Beurenmeister, Kristina Klotz
Satz: tebitron gmbh, Gerlingen
Druck und Bindung: Korrekt Nyomdaipari Kft
ISBN 978-3-403-**09137**-0
www.klippert-medien.de

Inhalt

Abraham

Autorin: Nicole Geißler

LS 01	Familien verlassen ihr Zuhause	6
LS 02	Galerie der Mütter und Väter des Glaubens	11
LS 03	Abraham geht mit Gott in ein fremdes Land	23
LS 04	Gottes Versprechen an Abraham	28
LS 05	Abraham und Sara bekommen Besuch	30
LS 06	Isaak kommt zur Welt	34
LS 07	Isaak und Rebekka	38
LS 08	Abraham – Segensspuren	44

Josef

Autorin: Nicole Geißler

LS 01	Josef – Lieblingssohn und Träumer	47
LS 02	Josef wird von seinen Brüdern verkauft	51
LS 03	Josef kommt zu Potifar	54
LS 04	Josef im Gefängnis	58
LS 05	Josef deutet die Träume des Pharaos	61
LS 06	Die Hungersnot und der Besuch aus Kanaan	65
LS 07	Josef versöhnt sich mit seinen Brüdern	69
LS 08	Träume in der Bibel	73

Die Autorin:

Nicole Geißler ist Förderschullehrerin und arbeitet im Bildungsministerium des Saarlandes im Referat Förderschule. Sie begleitet als Klipperttrainerin Programmschulen und führt Lehrerfortbildungen am Landesinstitut für Pädagogik und Medien durch.

Die Autorin bedankt sich bei Vanessa Schulz und Anette Zurmühl für die Unterstützung.

Dr. **Heinz Klippert**, gelernter Maschinenschlosser; Absolvent des Zweiten Bildungsweges, Ökonom und Soziologe; Promotion in Wirtschaftswissenschaften.

Lehrkraftausbildung und mehrjährige Lehrkrafttätigkeit in einer Integrierten Gesamtschule in Hessen. Seit 1977 Dozent am EFWI (Lehrerfortbildungsinstitut der ev. Kirchen) in Landau/Pfalz.

Klippert zählt zu den renommiertesten Experten in Sachen Lernmethodik und Unterrichtsentwicklung. Sein Lehr- und Lernkonzept zielt auf eigenverantwortliches Lernen und umfassende Methodenschulung.

Klippert hat zahlreiche Bücher und Aufsätze geschrieben und zahllose Lehrkräfte fortgebildet. Sein Programm wird derzeit in Hunderten von Schulen in mehreren Bundesländern erfolgreich umgesetzt. Einschlägige Evaluationen bestätigen dieses.

Liebe Kolleg*innen,

Schule und Unterricht befinden sich im Umbruch. Die Schüler*innen verändern sich, die Heterogenität in den Klassen nimmt zu, die Belastungen für die Lehrkräfte wachsen. Neue Bildungsstandards und Prüfungen sind angesagt. Neue Kompetenzen sollen vermittelt, neue Lernverfahren praktiziert werden. Das alles verunsichert.

Sicherlich haben auch Sie sich schon gefragt, wie das alles bei laufendem Schulbetrieb bewerkstelligt werden soll und kann. Druck und guter Wille allein reichen nicht. Nötig sind vielmehr überzeugende und praxistaugliche Hilfen und Unterstützungsangebote von außen und oben – Lehrkraftfortbildung und Lehrmittelverlage eingeschlossen.

Die neue Lehr- und Lernmittelreihe „Klippert Medien" stellt ein solches Unterstützungsangebot dar. Die dokumentierten Lernspiralen und Kopiervorlagen sind von erfahrenen Unterrichtspraktikern entwickelt worden und sollen Ihnen helfen, den alltäglichen Unterricht zeitsparend, schüler*innenaktivierend und kompetenzorientiert vorzubereiten und zu gestalten.

Dreh- und Angelpunkt sind dabei die sogenannten „Lernspiralen". Sie sorgen für motivierende Arbeits- und Interaktionsschritte der Schüler*innen und gewährleisten eine vielfältige Differenzierung – Tätigkeits-, Aufgaben-, Produkt-, Methoden- und Lernpartner*innendifferenzierung. Die Schüler*innen fordern und fördern sich wechselseitig. Sie helfen, kontrollieren und erziehen einander. Das sichert Lehrkraftentlastung.

Die Lernspiralen sind so aufgebaut, dass sich die Schüler*innen in das jeweilige Thema/Material/ Problem regelrecht „hineinbohren". Das tun sie im steten Wechsel von Einzelarbeit, Partner*innenarbeit, Gruppenarbeit und Plenararbeit. Sie müssen lesen, schreiben, zeichnen, nachschlagen, markieren, strukturieren, ordnen, diskutieren, experimentieren, kooperieren, präsentieren, Probleme lösen und vieles andere mehr.

Diese Lernarbeit sichert nachhaltiges Begreifen und breite Kompetenzvermittlung im Sinne der neuen Bildungsstandards. Selbsttätigkeit und Lehrkraftlenkung gehen dabei Hand in Hand. Fachliches und überfachliches Lernen greifen ineinander. Zur Unterstützung dieser Lernarbeit können spezifische Trainingstage zur Methodenklärung angesetzt werden (vgl. dazu die Trainingshandbücher im Beltz-Verlag).

Die vorliegenden Kopiervorlagen sind so aufgebaut, dass im Heft zwei Kernthemen behandelt werden.

Jede Lerneinheit (= Makrospirale) umfasst sechs bis zehn Lernspiralen. Jede Lernspirale wiederum dauert durchschnittlich ein bis zwei Unterrichtsstunden und wird in der Weise entwickelt, dass ein eng begrenzter Arbeitsanlass (z. B. Film erschließen) in mehrere konkrete Arbeitsschritte der Schüler*innen aufgegliedert wird. Das führt zu kompetenzorientiertem Arbeitsunterricht.

Wichtig ist ferner der progressive Aufbau jeder Lerneinheit. In der ersten Stufe durchlaufen die Schüler*innen Lernspiralen zur Bearbeitung themenbezogener Vorkenntnisse und Voreinstellungen. In der zweiten Stufe erarbeiten sie sich neue Kenntnisse und/oder Verfahrensweisen zum jeweiligen Lehrplanthema. Und in der dritten Stufe schließlich sind sie gehalten, komplexere Anwendungs- und Transferaufgaben zu bewältigen.

Zu jeder Lernspirale gibt es bewährtes Lehrkraft- und Schüler*innenmaterial. Was die Lehrkräfte betrifft, so werden ihnen die methodischen Schritte konkret vorgestellt und erläutert. Wichtige Begriffe und Abkürzungen werden im Glossar am Ende des Heftes definiert. Die zugehörigen Schüler*innenmaterialien sind übersichtlich gestaltet; Spots und Marginalien geben wertvolle Lern- und Arbeitstipps für die Schüler*innen- wie für die Lehrkraftseite.

Das alles ist als „Hilfe zur Selbsthilfe" gedacht. Wer wenig Zeit hat, kann die dokumentierten Lernspiralen und Materialien durchaus Eins zu Eins einsetzen. Wer dagegen einzelne Teile ergänzen bzw. modifizieren möchte, der kann das natürlich ebenfalls tun.

Viel Spaß und Erfolg bei der Umsetzung der Lernspiralen wünscht Ihnen

Heinz Klippert

Beispiel zum Aufbau der Lernspiralen

LS 01.M2

Verweis auf die Aufgabe in der Kopiervorlage: A3

Verweis auf die Lernspirale und das Material

		Zeit	Lernaktivitäten	Material	Kompetenzen
1	EA	10'	S füllen einen Steckbrief aus.	M1.A1	– Stichpunkte machen – Fragen in vollständigen Sätzen beantworten – Aussagen über die eigene Person formulieren
2	PL/PA	5'	S führen beim Spiel *music stop* Kennenlerndialoge und benutzen dabei zunächst Fragekärtchen als Hilfestellung.	M1.A2, M2	
3	PL/PA	5'	S setzen das Spiel ohne Fragekärtchen fort.		
4	EA	5'	S bereiten einen Kurzvortrag über sich vor.	M1.A3	
5	GA	15'	Simultanpräsentation: S stellen sich in Gruppen vor.		
6	PL	5'	Zwei S stellen sich vor der Klasse vor.		

- Arbeitsschritte
- Unterschiedliche Sozialformen
- Hinweise zum Zeitbedarf
- Vielfältige Lernaktivitäten und Methodenanwendungen der Schüler
- Verweis auf das Material und die Aufgaben in den Kopiervorlagen
- Kompetenzen, die die Schüler erwerben können

Notizen:

LS 01 — Lerneinheit 1: Abraham

LS 01 Familien verlassen ihr Zuhause

		Zeitrichtwert	Lernaktivitäten	Material	Kompetenzen
1	PL	5'	L gibt einen Überblick über den Ablauf der Stunde und verweist auf die Bilder zu den Themen „Heimat verlassen und Flucht".	M1	– Bezüge der biblischen Geschichte von Abraham zur eigenen Lebenswelt erkennen – menschliche Grunderfahrungen erkennen und benennen – reflektieren, was einen Wohnort zu einem Zuhause macht – ein Land, das Kindern eine Heimat bietet, aus Ton gestalten – zielgerichtet arbeiten und kooperieren – Arbeitsergebnisse präsentieren
2	PL	10'	S betrachten die Bilder und besprechen sie im Plenum.	M1	
3	EA	10'	S wählen Gegenstände aus, die sie mitnehmen würden, wenn sie ihr Zuhause verlassen müssten.	M2, M3	
4	DK	10'	S stellen ihre Ergebnisse im Doppelkreis vor.		
5	PL	5'	S äußern sich im Blitzlicht zum Thema „Heimat verlassen und Flucht".	M3	
6	GA	30'	S reflektieren, wie ein Land aussehen müsste, damit Familien dort eine neue Heimat finden können. Anschließend gestalten S aus Ton das Modell eines „neuen Landes", in dem sie gerne leben würden.	M4	
7	PL	20'	Die Präsentation der Länder erfolgt im Museumsrundgang.		

Merkposten

M1 auf Folien kopieren und via Overheadprojektor oder Smartboard präsentieren

Scheren bereithalten

für die Bildung der Zufallsgruppen geeignete Losgegenstände (Kartenspiel, Ziffern- oder Buchstabenkarten) bereithalten

Ton, Holzplatten, Kittel und Tonwerkzeug für jedes Kind bereithalten

Tipps

Es empfiehlt sich, die Konstruktionen aus Ton auf Holzpaletten anzufertigen, die als Unterlage zur Präsentation der fertigen Arbeiten dienen.

Zum Museumsrundgang im 7. Arbeitsschritt können auch andere Klassen eingeladen werden, denen die Kinder ihre Arbeiten vorstellen können. In diesem Fall bietet sich eine „Generalprobe" innerhalb der Klasse an.

Erläuterungen zur Lernspirale

Ziel der Doppelstunde ist das Aktivieren von Vorwissen der Kinder zu einem wesentlichen Thema der biblischen Geschichte von Abraham. Das Verlassen des eigenen Zuhauses, um in der Fremde neu zu beginnen, wird mit aktuellen Bezügen zur Situation von Flüchtlingen sowie von Familien, die aus beruflichen Gründen ihren Heimatort verlassen, verknüpft.

Zum Ablauf im Einzelnen

Im **1. Arbeitsschritt** erläutert die Lehrkraft den Kindern den Ablauf der Stunde.

Im **2. Arbeitsschritt** betrachten die Kinder die Bilder (M1) von Familien, die ihre Heimat verlassen, und besprechen diese im Plenum. Hierbei stellt die Lehrkraft die Verknüpfung des Themas zu der biblischen Geschichte von Abraham her.

Im **3. Arbeitsschritt** wählen die Kinder zehn Gegenstände (M2) aus, die sie mitnehmen würden, wenn sie ihr Zuhause verlassen müssten. Die Lehrkraft weist daraufhin, dass es sich nicht um Gepäck für eine Urlaubsreise handelt, sondern um einen Rucksack mit Gegenständen, die so wichtig sind, dass sie diese nicht zurücklassen wollen, weil sie die Gegenstände auf der Reise oder am Reiseziel brauchen.

Die Kinder schneiden die entsprechenden Bilder aus und kleben sie in den Rucksack (M3).

Ihre Auswahl stellen sich die Kinder im **4. Arbeitsschritt** im Doppelkreis gegenseitig vor und begründen, weshalb sie gerade diese Dinge mitnehmen würden.

Im **5. Arbeitsschritt** äußern sich die Kinder im Blitzlicht zum Thema „Heimat verlassen und Flucht" und der unterschiedlichen Auswahl der Gegenstände (M3). An dieser Stelle geht die Lehrkraft nochmals auf die unterschiedlichen Beweggründe ein, weshalb Familien ihr Zuhause verlassen. Sie erklärt, dass es bei dieser Aufgabe nicht um eine richtige bzw. falsche Auswahl geht, sondern darum, sich in die Situation, sein Zuhause verlassen zu müssen, hineinzuversetzen.

Danach besprechen die Kinder im **6. Arbeitsschritt** in Zufallsgruppen ihre Vorstellungen über ein „neues Land", das so gestaltet ist, dass sie gerne dort leben würden. Sie fertigen dazu eine Skizze auf einer Landkarte (M4) an und konstruieren anschließend ein Modell dieses Landes aus Ton auf einer Holzplatte.

Im **7. Arbeitsschritt** erfolgt die Präsentation der Modelle im Museumsrundgang.

Notizen:

01 Familien verlassen ihr Zuhause

Koffer packen – was nehme ich mit?

A Packe deinen Rucksack.
Schneide dafür zehn Gegenstände aus.

Kuscheltier	Hose	Kleid	Pulli	Besteck
Seife	Buch	Handy	Fernseher	Tisch
Schrank	Essen	Trinkflasche	Fußball	Puppe
Fahrrad	Bett	Schlafsack	Inlineskates	Isomatte
Handtuch	Waschlappen	Kartenspiel	Jacke	Mütze
Fotoalbum	Ausweis	Taschenlampe	Schulranzen	Stifte

Rucksack

A Klebe deine zehn Gegenstände in den Rucksack.

Wir bauen ein neues Land!

A Wie sieht ein Land aus, in dem Kinder mit ihren Familien gut leben können?
Gibt es dort Spielplätze, Parks oder Schwimmbäder?
Was braucht ihr noch?
Sprecht darüber und zeichnet eure Ideen mit einem Bleistift in das Land.

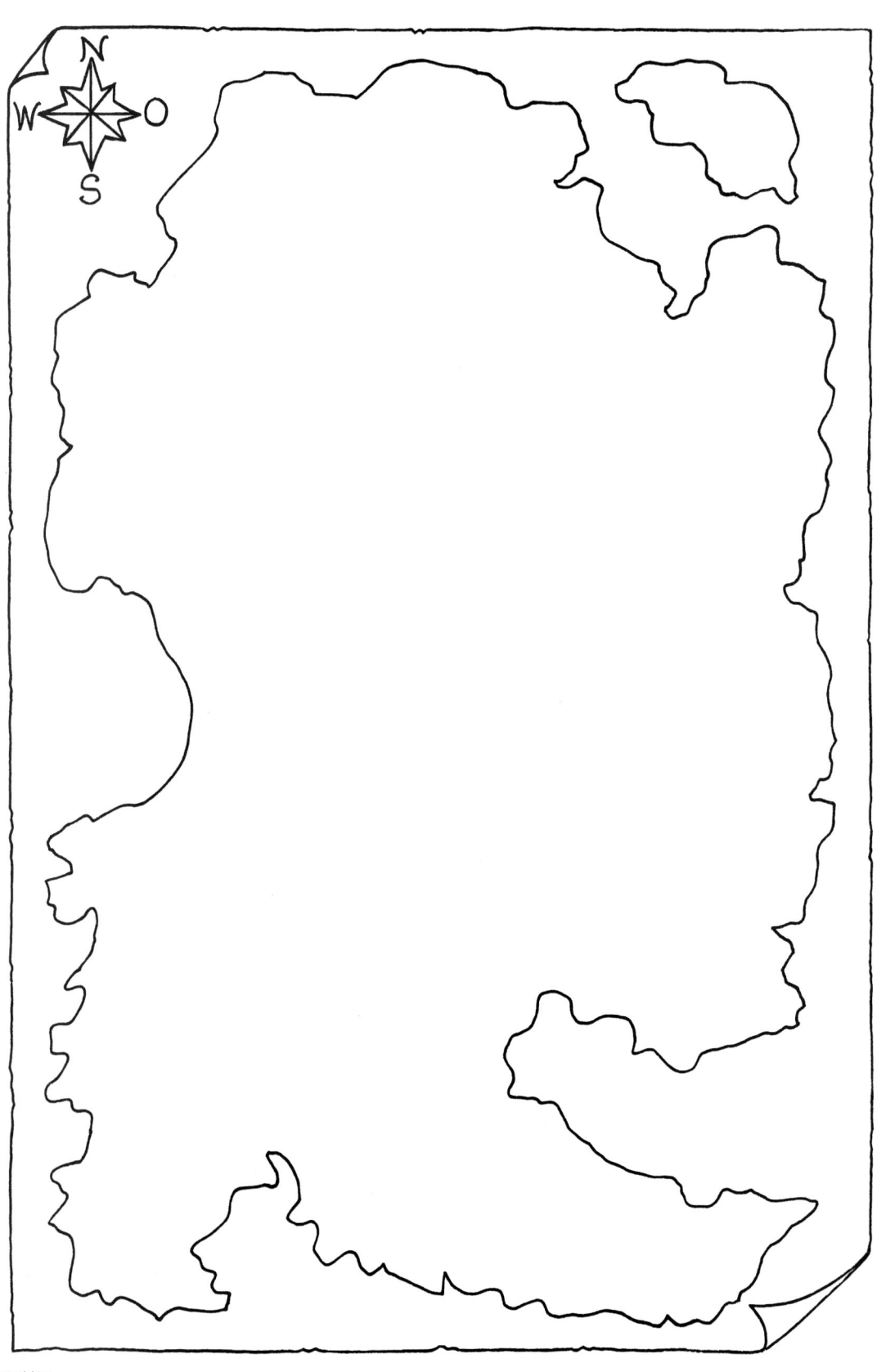

LS 02 Galerie der Väter und Mütter des Glaubens

		Zeitrichtwert	Lernaktivitäten	Material	Kompetenzen
1	PL	5'	L gibt einen Überblick über den Ablauf der Stunde.		– Abraham als Ersten in der Reihe der Väter und Mütter des Glaubens kennen – wichtige Väter und Mütter des Glaubens kennen – Leporello mit Vätern und Müttern des Glaubens fertigen – zielgerichtet arbeiten und kooperieren – Arbeitsergebnisse präsentieren
2	PL	10'	S hören Lehrer*innenvortrag über Väter und Mütter des Glaubens.	M1	
3	EA	10'	S schneiden Puzzleteile aus, kleben diese auf und finden über gleiche Motive zu Kleingruppen zusammen.	M2	
4	GA	25'	S gestalten aus dem Puzzle und einem Bilderrahmen sowie dazu passenden Satzstreifen ein Bild mit einer Galerie von Vätern und Müttern des Glaubens.	M3, M4	
5	PL	25'	Die Gruppen präsentieren ihr Bild mit den Satzstreifen im Stehhalbkreis an der Tafel.		
6	EA/HA	15'	S kleben Seiten in das Leporello und gestalten die Bilder farbig.	M5, M6	

Erläuterungen zur Lernspirale

Ziel der Doppelstunde ist das Aktivieren von Vorwissen der Kinder zu Vätern und Müttern des Glaubens, deren Geschichten sie eventuell im familiären Umfeld, im Kindergarten oder im Kindergottesdienst bereits kennengelernt haben. Zudem entsteht eine orientierende Vorstellung über die Reihenfolge der biblischen Geschichten zu den Vätern und Müttern des Glaubens im Alten Testament.

Zum Ablauf im Einzelnen

Im **1. Arbeitsschritt** erläutert die Lehrkraft den Kindern den Ablauf der Stunde.

Im **2. Arbeitsschritt** berichtet die Lehrkraft anhand eines Lehrer*innenvortrags (M1) über die Väter und Mütter des Glaubens, von denen in der Bibel im Alten Testament berichtet wird.

Im **3. Arbeitsschritt** erhalten alle Kinder je eines von sechs verschiedenen Puzzles (M2). Sie schneiden die Puzzleteile in Einzelarbeit aus, ordnen sie den Motiven gemäß an und kleben sie auf ein weißes Blatt Papier (DIN A4). Anhand der sechs verschiedenen Motive finden sich Gruppen zusammen.

Die Kinder gestalten im **4. Arbeitsschritt** mithilfe der Vorlage Bilderrahmen (M3) auf einem weißen Blatt Papier (DIN A4) ein Galeriebild, indem sie ein Puzzlebild der Gruppe zusammen mit dem passenden Satzstreifen (M4) in den Rahmen kleben. Hierzu kleben sie den Bilderrahmen auf das Blatt Papier, das Bild in die Mitte und den Satzstreifen als Bildunterschrift unter den Rahmen. Die Lehrkraft teilt vorab den passenden Satzstreifen an alle Gruppen aus. Anschließend kolorieren sie das Bild gemeinsam in der Gruppe.

Vor dem **5. Arbeitsschritt** lesen die Kinder den Satzstreifen unter ihrem Bild laut vor. Sie besprechen, ob sie die Geschichte der jeweiligen biblischen Figuren kennen, und tauschen sich darüber aus. Wenn die Kinder die Geschichte nicht kennen, können sie sich an dieser Stelle an einem Angebotstisch mit Kinderbibeln informieren. Die Präsentation, die in diesem Arbeitsschritt erfolgt, wird im Halbkreis stehend vor der Tafel durchgeführt. Die Gruppen nehmen ihren Platz im Stehkreis in der Reihenfolge der biblischen Geschichten ein. Stehen die Gruppen nicht am richtigen Platz, erarbeitet die Lehrkraft mit den Kindern anhand der Bildunterschriften die Reihenfolge. Zur Präsentation befestigen die Gruppen ihre Bilder mit Magneten an der Tafel, lesen ihre Bildunterschriften vor und geben ihr zusätzliches Wissen über die jeweiligen Personen an die Klasse weiter. Hierbei sind auch Wortbeiträge aus den anderen Gruppen möglich. So entsteht an der Tafel sukzessiv eine Galerie der Väter und Mütter des Glaubens.

Die Kinder fertigen im **6. Arbeitsschritt** abschließend zum Thema Väter und Mütter des Glaubens ein Leporello (M5) mit Seiten für das Leporello (M6) an und malen die Bilder aus.

✓ Merkposten

Scheren, Kleber, DIN-A4-Blätter, Magneten bereithalten

etwas dickeres Papier für den Bilderrahmen (M4) sowie für das Leporello (M5) verwenden

Tipps

Die Anzahl der Kopien der sechs verschiedenen Puzzles (M2) richtet sich nach der Gruppengröße.

Es bietet sich an, einen Angebotstisch mit verschiedenen Kinderbibeln einzurichten, damit die Kinder die biblischen Geschichten nachlesen können. Die Kinder können auch eigene Bibeln mitbringen.

LS 02.M1 — Abraham

02 Galerie der Väter und Mütter des Glaubens

Väter und Mütter des Glaubens

Im ersten Teil der Bibel, dem Alten Testament, wird die Geschichte von Gottes auserwähltem Volk, dem Volk Israel, erzählt. Die Geschichte des Volkes Israel beginnt mit Abraham. Zu seinen Nachfahren gehören Isaak, Jakob und Josef. Weil sie für den Beginn der Geschichte des Volkes Israel so wichtig sind, nennt man sie auch Väter des Glaubens.

In den biblischen Geschichten finden wir mehr Informationen über die Männer des Volkes Israel als über die Frauen. Das kommt daher, dass früher die Männer das Leben der Völker viel stärker bestimmten. Heute entscheiden Väter und Mütter bzw. Männer und Frauen gleichberechtigt. Wichtig ist jedoch, dass Gottes Segen genauso für die Frauen bestimmt ist wie für die Männer. Sie sind Gott wichtig. Er steht ihnen in der Not zur Seite und gibt ihnen bedeutende Aufgaben für ihr Volk.

Deshalb erstellen wir heute eine Galerie der Väter und Mütter des Glaubens, die den Anfang der Geschichte des Volkes Israel geprägt haben.

Nicole Geißler: Abraham / Josef

Puzzleteile „Abraham und Sara"

A1 Schneide die Puzzleteile aus.

A2 Lege die Puzzleteile so zusammen, dass ein Bild entsteht.

A3 Klebe das Puzzle auf ein Blatt Papier.

LS 02.M2 Abraham

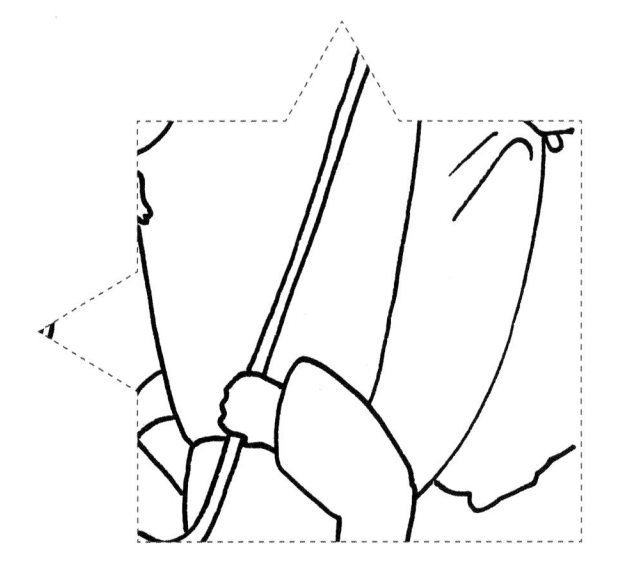

Puzzleteile „Isaak"

A1 Schneide die Puzzleteile aus.

A2 Lege die Puzzleteile so zusammen, dass ein Bild entsteht.

A3 Klebe das Puzzle auf ein Blatt Papier.

15   Abraham   **LS 02.M2**

Puzzleteile „Isaak und Rebekka"

A1 Schneide die Puzzleteile aus.

A2 Lege die Puzzleteile so zusammen, dass ein Bild entsteht.

A3 Klebe das Puzzle auf ein Blatt Papier.

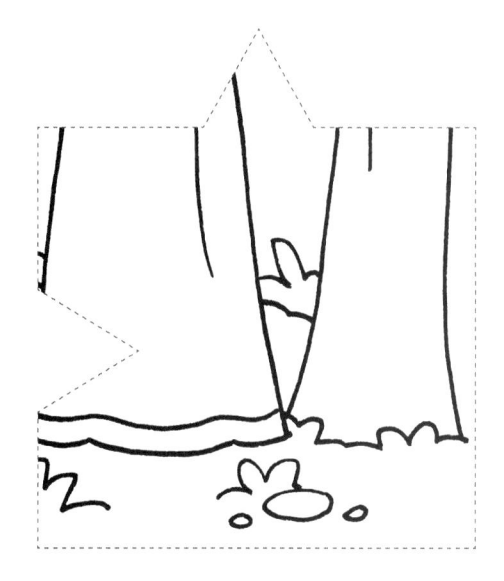

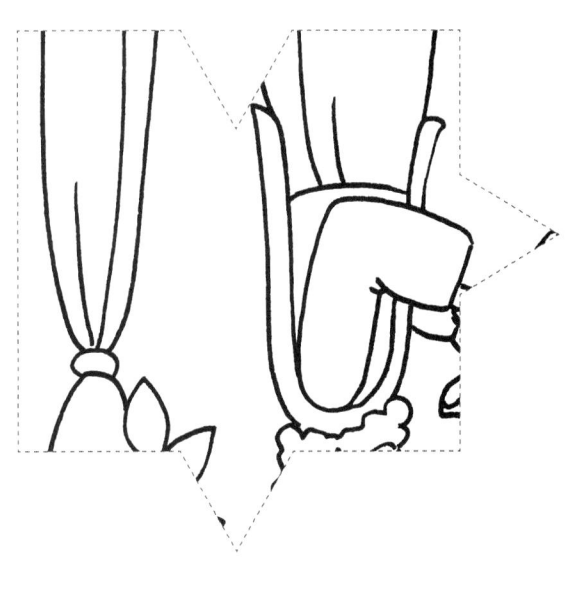

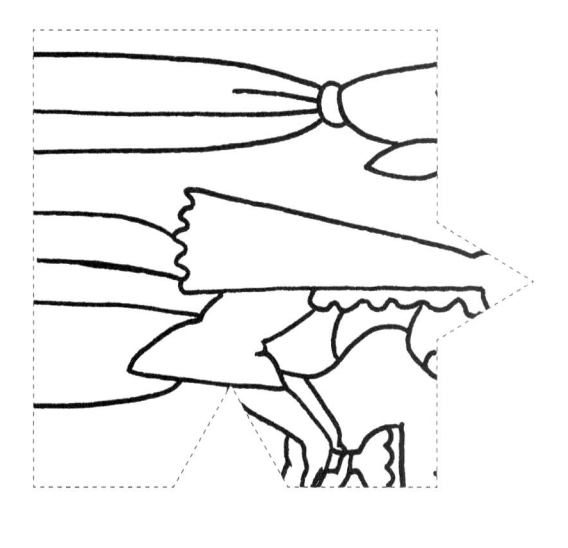

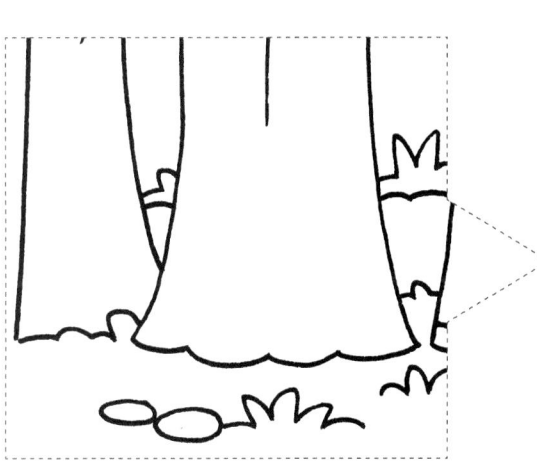

LS 02.M2 Abraham

Puzzleteile „Esau und Jakob"

A1 Schneide die Puzzleteile aus.

A2 Lege die Puzzleteile so zusammen, dass ein Bild entsteht.

A3 Klebe das Puzzle auf ein Blatt Papier.

Abraham — LS 02.M2

Puzzleteile „Jakob mit Rahel und Lea"

A1 Schneide die Puzzleteile aus.

A2 Lege die Puzzleteile so zusammen, dass ein Bild entsteht.

A3 Klebe das Puzzle auf ein Blatt Papier.

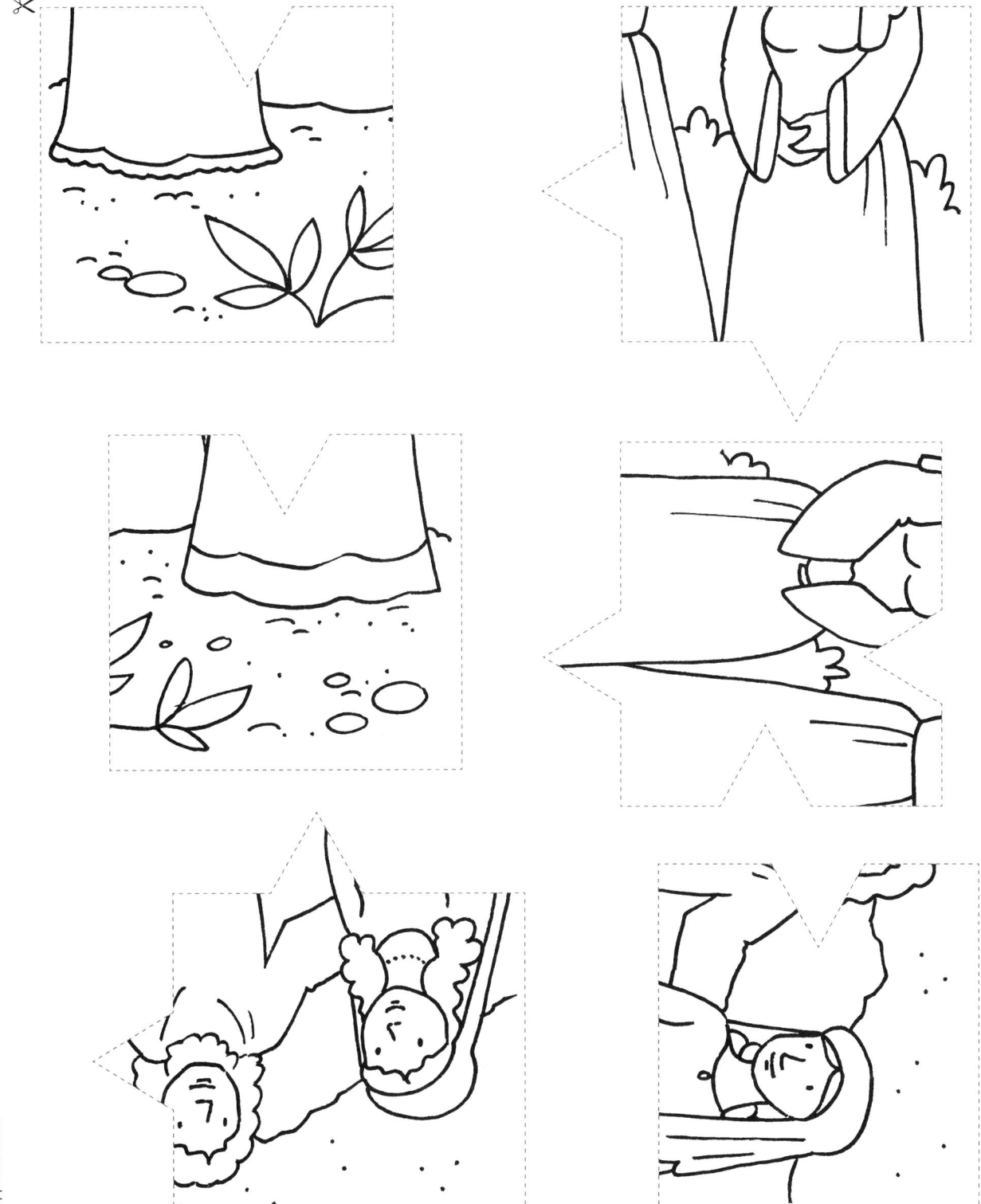

Puzzleteile „Josef, seine elf Brüder und seine Schwester"

A1 Schneide die Puzzleteile aus.

A2 Lege die Puzzleteile so zusammen, dass ein Bild entsteht.

A3 Klebe das Puzzle auf ein Blatt Papier.

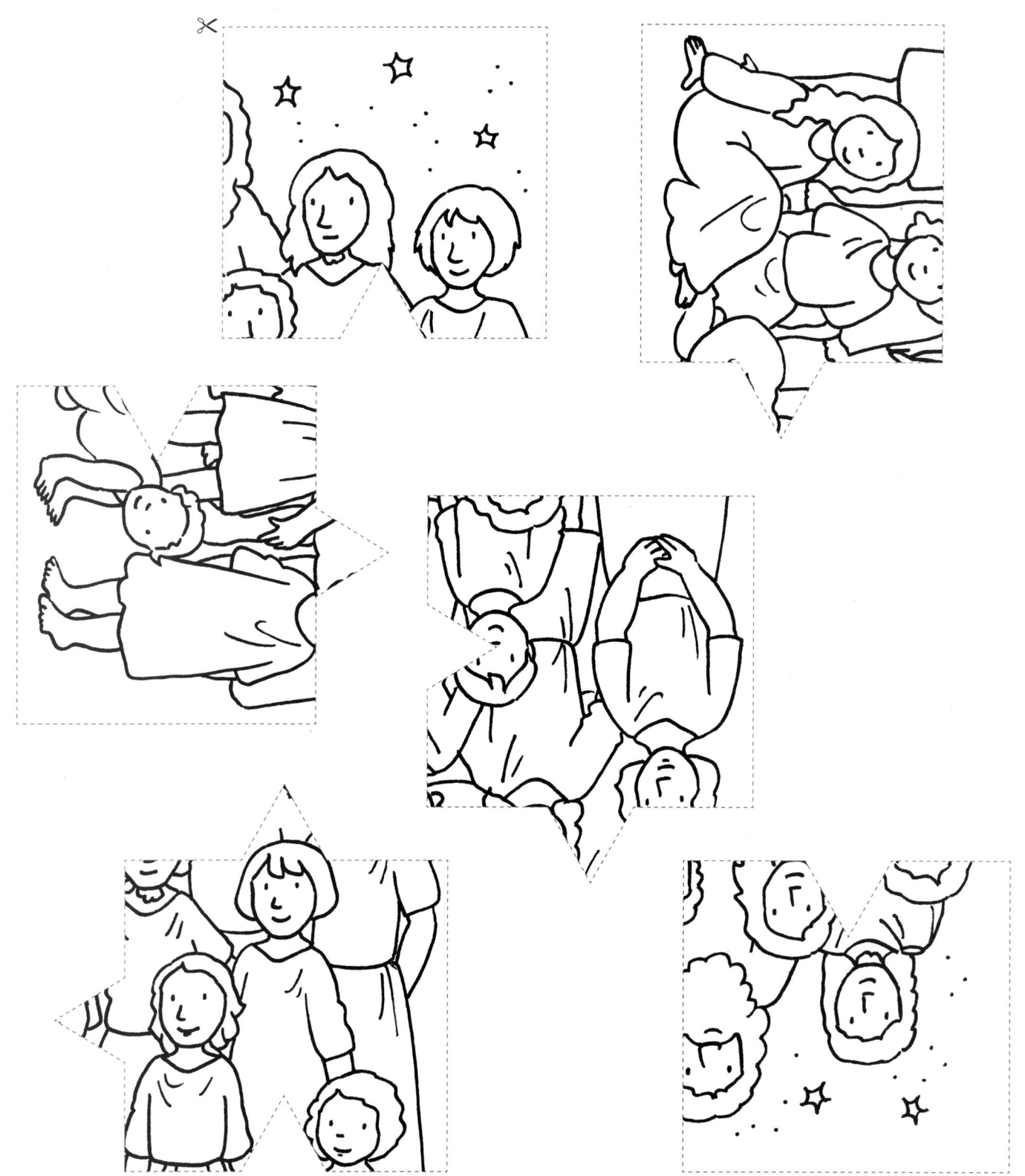

Bilderrahmen

A1 Schneidet die Teile des Rahmens aus.

A2 Legt die Teile passend zu einem Bilderahmen zusammen.

A3 Klebt den Rahmen auf ein Blatt Papier.

Satzstreifen für Bilder

A1 Schneidet den Satzstreifen aus.

A2 Klebt den Satzstreifen unter den Bilderrahmen.

1. Abraham und Sara vertrauen Gott und ziehen in ein neues Land.

2. Isaak ist Abrahams und Saras einziger Sohn.

3. Isaak heiratet Rebekka. Sie bekommen zwei Söhne.

4. Esau und Jakob sind Zwillinge. Sie sind die Söhne von Isaak und Rebekka.

5. Jakob hat zwei Frauen: Rahel und Lea.

6. Jakob hat zwölf Söhne und eine Tochter. Sein Lieblingssohn heißt Josef.

Abraham LS 02.M5

Leporello

A Schneide das Leporello aus und falte es zusammen.

Seiten für das Leporello

A1 Schneide die Seiten für das Leporello aus.

A2 Klebe die Seiten in der richtigen Reihenfolge in das Leporello.

Isaak ist Abrahams und Saras einziger Sohn.

Esau und Jakob sind Zwillinge. Sie sind die Söhne von Isaak und Rebekka.

Abraham und Sara vertrauen Gott und ziehen in ein neues Land.

Jakob hat zwei Frauen: Rahel und Lea.

Jakob hat zwölf Söhne und eine Tochter. Sein Lieblingssohn heißt Josef.

Isaak heiratet Rebekka. Sie bekommen zwei Söhne.

LS 03 Abraham geht mit Gott in ein fremdes Land

		Zeitrichtwert	Lernaktivitäten	Material	Kompetenzen
1	PL	5'	L gibt einen Überblick über den Ablauf der Stunde.		– die biblische Geschichte von Gottes Ruf an Abraham und den Aufbruch Abrahams in ein fremdes Land kennen – menschliche Grunderfahrungen wie Angst, Heimweh, Abenteuerlust, Neugier, Aufregung im Spiel nachvollziehen – eine Kulisse für ein Tischtheater gestalten – ein Theaterstück mit Ausschneidefiguren entwickeln und präsentieren – zielgerichtet arbeiten und kooperieren
2	PL	10'	S hören Geschichte von Gottes Aufforderung an Abraham, in ein fremdes Land zu ziehen, sowie vom Aufbruch Abrahams und seiner Familie in ein fremdes Land. Anschließend äußern S Vermutungen darüber, wie sich Abraham und seine Familie gefühlt haben, als sie zu der Reise aufgebrochen sind und lange unterwegs waren.	M1	
3	EA	10'	S schneiden die Bilder einer Bildergeschichte aus, ordnen sie in der richtigen Reihenfolge an und kleben sie auf.	M2	
4	PA	5'	S vergleichen ihre Ergebnisse zu zweit.		
5	GA	35'	S stellen aus Vorlagen Ausschneidefiguren her und gestalten die Kulisse für ein Tischtheater. S spielen die Geschichte von Abrahams Auszug von Zuhause nach.	M3, M4	
6	PL	25'	Ausgeloste Gruppen spielen die Geschichte im Plenum vor.		

Erläuterungen zur Lernspirale

Ziel der Doppelstunde ist das Kennenlernen der biblischen Geschichte von Gottes Berufung Abrahams und dessen Aufbruch in ein fremdes Land. Im Rahmen der Entwicklung eines Tischtheaterstücks zu der Geschichte erhalten die Kinder die Gelegenheit, sich in die Situation Abrahams und seiner Familie hineinzuversetzen und deren menschlichen Grunderfahrungen nachzuspüren.

Zum Ablauf im Einzelnen

Im **1. Arbeitsschritt** erläutert die Lehrkraft den Kindern den Ablauf der Stunde.

Im **2. Arbeitsschritt** erzählt die Lehrkraft anhand der Lehrer*innenerzählung (M1) von Abrahams Auszug aus seiner Heimat. Die Kinder äußern Vermutungen, wie Abraham und seine Familie sich gefühlt haben, als sie aus der Heimat aufgebrochen und eine lange Reise in ein fremdes Land unternommen haben, um dort in Zelten zu wohnen und weiter umherzuziehen.

Im **3. Arbeitsschritt** schneiden die Kinder eine Bildergeschichte (M2) zum Thema aus und kleben sie in der richtigen Reihenfolge auf.

Ihre Arbeitsergebnisse vergleichen die Kinder im **4. Arbeitsschritt** zu zweit.

Im **5. Arbeitsschritt** finden sich die Kinder in Zufallsgruppen zusammen. Jede Gruppe erhält eine Gruppenauftragskarten (M3). Gemeinsam fertigen sie Ausschneidefiguren (M4) an und gestalten mit Tüchern und Naturmaterialien eine Kulisse für ein Tischtheater (siehe Arbeitsaufträge auf M3). Die Kinder nutzen die Bildergeschichte als Vorlage, um die biblische Geschichte mit den Ausschneidefiguren in der Kulisse des Tischtheaters nachzuspielen.

Ausgeloste Gruppen spielen ihr Theaterstück im **6. Arbeitsschritt** im Plenum vor. Um zu verdeutlichen, dass Abraham und seine Familie viele Tage und Nächte unterwegs waren, können die Kinder von der Lehrkraft unterstützt eine Tischlampe mit flexiblem Ständer zur Beleuchtung einsetzen.

✓ Merkposten

DIN-A4-Blätter, Scheren, Tücher, Naturmaterialien, Tischlampe bereithalten

für die Bildung der Zufallsgruppen geeignete Losegegenstände (Kartenspiel, Ziffern- oder Buchstabenkarten) bereithalten

Ausschneidefiguren (M4) auf Tonkarton kopieren

Tipps

Die Naturmaterialien können mit der Lerngruppe im Rahmen eines Unterrichtsgangs im Vorhinein gesammelt oder von den Kindern mitgebracht werden.

Notizen:

03 Abraham geht mit Gott in ein fremdes Land

Gott ruft und Abraham zieht in ein fremdes Land

Abraham lebte vor langer Zeit mit seiner Frau Sara und seinem Neffen Lot in der Stadt Harran. Er war ein sehr reicher Mann. Er besaß Kühe, Kamele, Ziegen und Schafe. Es waren große Herden mit vielen Tieren.

Sara und Abraham ging es gut. Sie hatten genug Futter für ihre Herden. Knechte und Mägde halfen ihnen, die Tiere zu versorgen. Das Einzige, das Abraham und Sara zu ihrem Glück fehlte, war ein Kind.

Da sprach Gott eines Tages zu Abraham: „Geh fort aus deiner Stadt! Verlasse das Haus deiner Familie! Mach dich auf den Weg in ein Land, das ich dir zeigen werde!"

Gott versprach Abraham, dass er ihn zum Stammvater eines großen Volkes machen würde. Abraham vertraute Gott und hörte auf ihn. Er zog mit Sara, Lot, den Mägden, Knechten und den Viehherden los. Sie ließen ihr Haus zurück und nahmen die Dinge mit, die sie tragen und auf dem Rücken der Kamele transportieren konnten.

Es war eine lange und beschwerliche Reise. Wie sie sich wohl gefühlt haben? Ob sie Heimweh hatten, wenn sie an ihr Leben in Harran dachten?

Doch schließlich kam Abraham mit seiner Familie und seinem Gefolge in das Land Kanaan. Es war ein Land mit grünen Wiesen, sanften Hügeln, Bergen und fruchtbaren Tälern. Sie bauten kein Haus in Kanaan, sondern zogen durch das ganze Land und schlugen ihre Zelte mal an einem und mal an einem anderen Ort auf.

LS 03.M2 Bildergeschichte

A1 Schneide die Bilder aus.

A2 Klebe sie in der richtigen Reihenfolge auf ein Blatt.

„Verlasse deine Heimat!"

Gott sprach zu Abraham: „Geh fort von hier in ein anderes Land! Ich will ein großes Volk aus dir machen und dich segnen."

Abraham zog viele Tage und Nächte von einem Weideplatz zum nächsten. Schließlich kam er in das Land Kanaan und Gott sprach: „Dieses Land will ich dir und deinen Nachkommen schenken."

Abraham und Sara lebten in Harran.

Abraham und Sara brachen auf in ein fremdes Land.

LS 03.M3 Gruppenauftragskarte

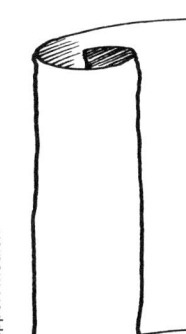

A1 Schneidet die Figuren aus und malt sie an.

A2 Faltet die Standfläche nach hinten, sodass eure Figuren stehen können.

A3 Gestaltet eine Kulisse für das Tischtheater auf eurem Tisch.

LS 03.M4 Abraham

Ausschneidefiguren

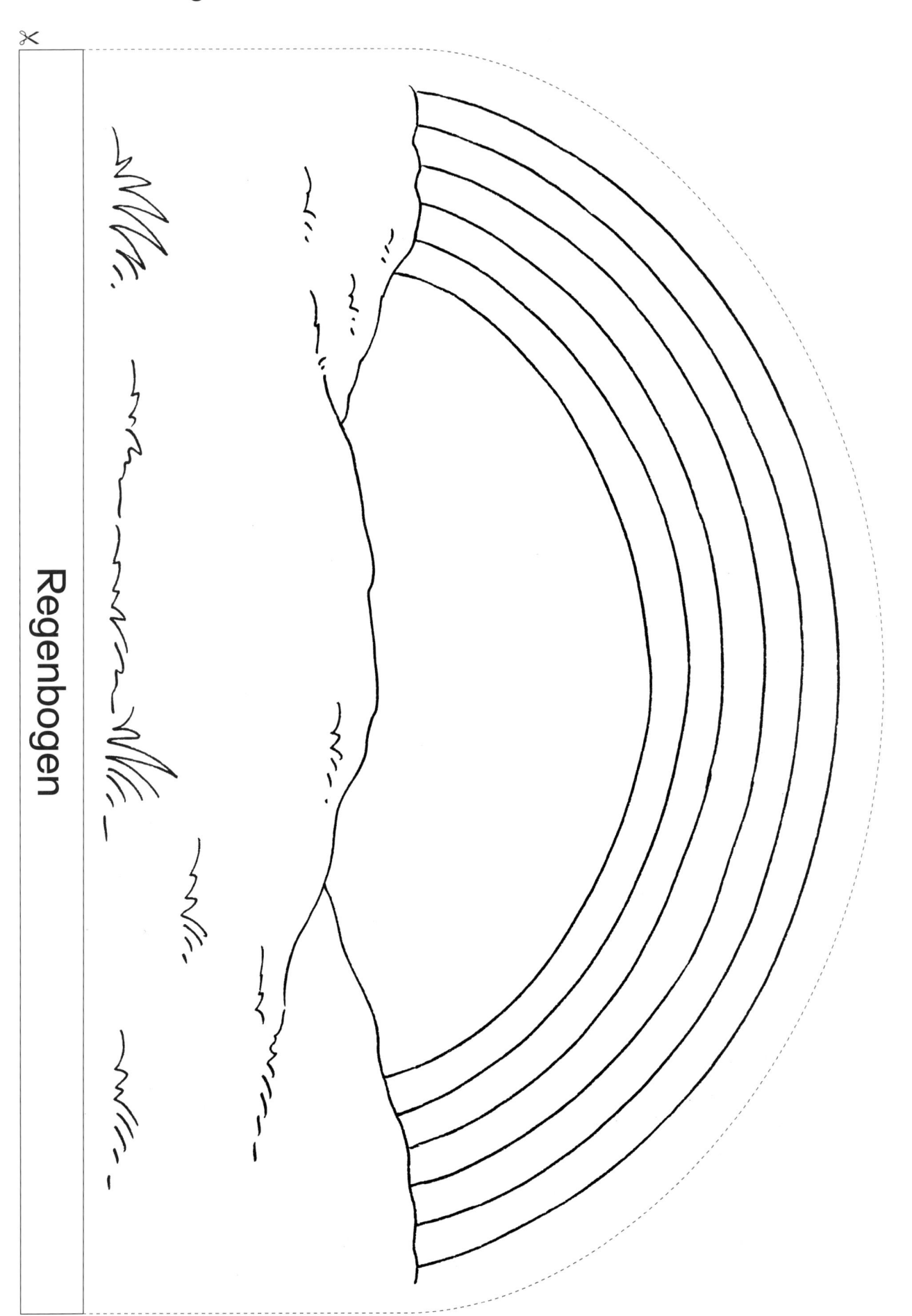

Regenbogen

Abraham LS 03.M4

Ausschneidefiguren

| Abraham | Sara |

| Lot | Mägde und Knechte |

LS 04 Gottes Versprechen an Abraham

		Zeitrichtwert	Lernaktivitäten	Material	Kompetenzen
1	PL	5'	L gibt einen Überblick über den Ablauf der Stunde.		– Gottes Zusage an Abraham kennen – menschliche Grunderfahrungen erkennen und benennen – Bedeutung der Symbole „Sand" und „Sterne" in der biblischen Geschichte kennen – Bezug zur eigenen Lebenswelt herstellen – sich in Gemeinschaft mit unzähligen Nachfahren sehen
2	PL	20'	S hören im Stuhlkreis die Geschichte von Gottes Versprechen an Abraham. S nehmen eine Hand voll Sand aus einem Gefäß und lassen die Körner durch ihre Finger rieseln. S äußern Vermutungen, ob man Sandkörner und Sterne zählen kann.	M1	
3	EA	10'	S gestalten einen Stern mit einem Foto von sich und weitere Sterne für das Klassenplakat.	M2	
4	PL	10'	S kleben ihre Sterne auf ein Plakat.	Sterne	
5	HA		S gestalten eine Heftseite mit einem Himmel samt Sternen und beschriften die Sterne mit Namen von Menschen, die an Gott glauben.		

Merkposten

2 große Tücher und 1 großes Gefäß mit Sand bereithalten

Für die Gestaltung der Sterne im 3. Arbeitsschritt bringen die Kinder Fotos von sich mit.

dunkelblaues DIN-A1-Plakat bereithalten

Religionshefte bereithalten

Tipps

Das große Plakat kann von den Kindern dunkelblau angemalt werden.

Es ist sinnvoll, für die Sterne Markierungen mit Namen auf dem Plakat anzubringen. So gelingt es besser, dass alle Sterne auf dem Plakat Platz finden.

Erläuterungen zur Lernspirale

Ziel der Stunde ist es, dass die Kinder Gottes Zusage an Abraham kennen und sich selbst durch die mehrstufige Erarbeitung der symbolischen Bedeutung von Sand und Sternen in der biblischen Geschichte wiederfinden, also in der Gemeinschaft der unzähligen Nachfahren Abrahams.

Zum Ablauf im Einzelnen

Im **1. Arbeitsschritt** erläutert die Lehrkraft den Kindern den Ablauf der Stunde, die im bereits vorbereiteten Stuhlkreis beginnt. In der Mitte des Stuhlkreises liegt ein Tuch auf dem ein großes mit Sand gefülltes Gefäß steht, das mit einem weiteren Tuch abgedeckt ist.

Im **2. Arbeitsschritt** erzählt die Lehrkraft anhand der Lehrer*innenerzählung (M1) von Gottes Versprechen an Abraham. Im Anschluss an die Erzählung entfernen die Kinder das Tuch, das über dem Gefäß liegt. Nun fordert die Lehrkraft die Kinder auf, reihum eine Hand voll Sand aus dem Gefäß zu nehmen und die Sandkörner durch ihre Finger wieder zurück in das Gefäß rieseln zu lassen. Zur Veranschaulichung beginnt die Lehrkraft. Danach äußern die Kinder Vermutungen darüber, ob man die Sandkörner zählen kann. Im Unterrichtsgespräch erarbeitet die Lehrkraft mit den Kindern die symbolische Bedeutung der Sandkörner und Sterne als Bilder für die unzähligen Nachkommen, die Gott Abraham verspricht.

Im **3. Arbeitsschritt** schneiden die Kinder Sterne (M2) aus, malen sie an und kleben ein Foto von sich selbst auf einen Stern.

Auf einem großen dunkelblauen Plakat, das die Lehrkraft an einer gut zugänglichen Stelle im Klassenraum aufhängt, kleben die Kinder im **4. Arbeitsschritt** ihre Sterne auf und betrachten den so entstandenen Sternenhimmel im Plenum. Die Lehrkraft weist nochmals darauf hin, dass diese Sterne symbolhaft dafür stehen, dass sie alle zu den Nachfahren Abrahams im biblischen Sinn gehören.

Im **5. Arbeitsschritt** gestalten die Kinder als Hausaufgabe frei nach ihrer Vorstellung eine Seite ihres Religionshefts mit einem Sternenhimmel. In die Sterne schreiben sie die Namen von Menschen, die an Gott glauben.

Notizen:

04 Gottes Versprechen an Abraham

LS 04.M1 Erzählvorlage „Gottes Zusage an Abraham"

Gottes Zusage an Abraham

Abraham zog mit seiner Frau Sara, den Knechten, den Mägden und seinen Viehherden durch das Land Kanaan, das Gott ihm geschenkt hatte, und bewohnte es, so wie Gott es ihm gesagt hatte.

Ein Gedanke ließ Abraham jedoch keine Ruhe. Was war mit dem Kind, das Gott ihm versprochen hatte? Er sollte doch Stammvater eines großen Volkes werden! Er fragte sich, ob Gott ihn vergessen hatte.

Doch plötzlich hörte er in der Nacht Gottes Stimme. Er forderte Abraham auf, aus seinem Zelt zu kommen und in alle Himmelsrichtungen zu blicken: nach Norden und Süden, nach Osten und Westen.

Gott sagte zu Abraham: „Ich gebe dir und deinen Nachkommen das ganze Land, so weit du sehen kannst und darüber hinaus. Du wirst so viele Nachkommen haben, dass man sie nicht zählen kann. So wie auch der Sand aus so vielen Körnern besteht, dass niemand sie zählen kann."

Da sprach Gott noch einmal zu Abraham. Er fragte ihn: „Kannst du die Sterne am Himmel zählen?"

Abraham schüttelte den Kopf. Es standen so viele Sterne am Himmel, dass dies unmöglich war.

Da sagte Gott zu ihm: „Siehst du? So viele Nachkommen, wie Sterne am Himmel sind, wirst du haben."

Und Abraham glaubte Gott.

LS 04.M2 Sterne

A1 Schneide die Sterne aus und male sie an.

A2 Klebe dein Foto auf den großen Stern.

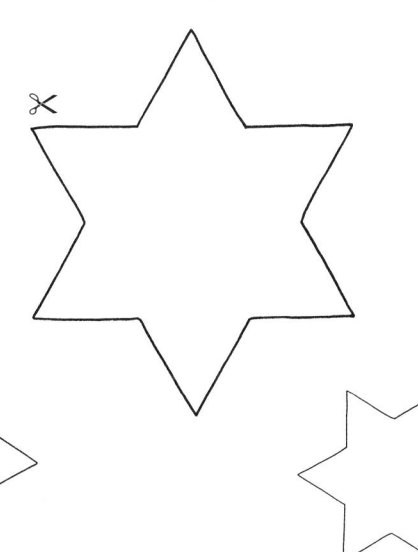

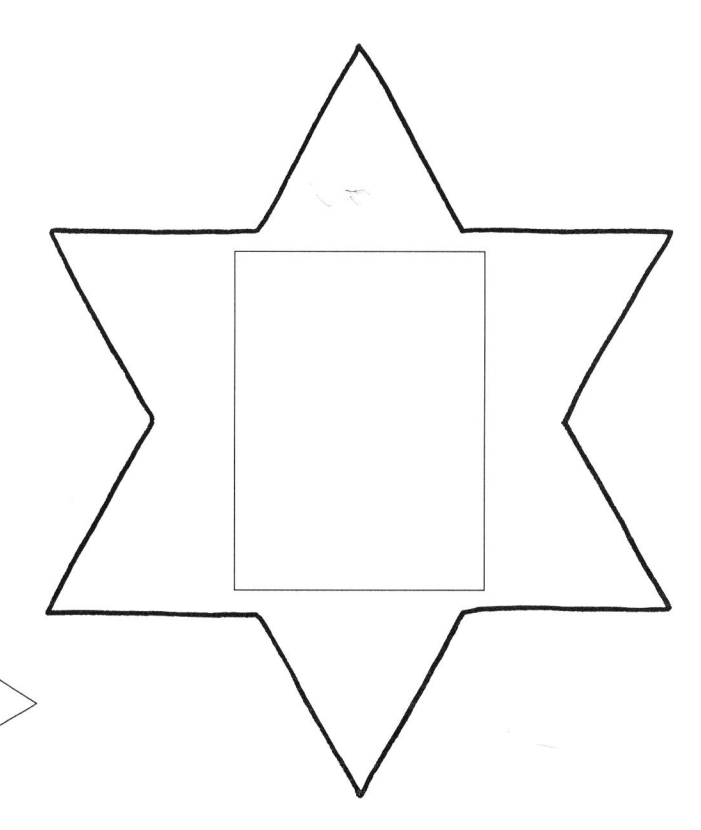

LS 05 Abraham und Sara bekommen Besuch

		Zeitrichtwert	Lernaktivitäten	Material	Kompetenzen
1	PL	5'	L gibt einen Überblick über den Ablauf der Stunde.		– an einer Mitmachgeschichte teilnehmen – ein szenisches Spiel zu einer biblischen Geschichte entwickeln und präsentieren – zielgerichtet arbeiten und kooperieren
2	PL	15'	S nehmen an der Mitmachgeschichte „Abraham und Sara bekommen Besuch" teil.	M1	
3	PL	15'	Es finden ein Blitzlicht sowie eine Fragerunde zum Verständnis der Geschichte statt.		
4	GA	30'	S erarbeiten in Kleingruppen anhand der Regiekarte ein szenisches Spiel zu der biblischen Geschichte.	M2	
5	PL	25'	Ausgeloste Gruppen präsentieren ihr szenisches Spiel.		

Merkposten

für die Bildung der Zufallsgruppen geeignete Losgegenstände (Kartenspiel, Ziffern- oder Buchstabenkarten) bereithalten

zur Umsetzung des szenischen Spiels Tücher und Umhänge bereitstellen

ggf. Notenständer besorgen

Tipps

Als Kulisse kann ein großes aufgespanntes Tuch (Zeltwand) dienen. So können die Kinder sich ggf. besser in ihre Rollen einfinden.

Die Erzählvorlage kann kopiert und auf einem Notenständer fixiert werden, sodass die Lehrkraft sich daran orientieren kann, ohne den Erzählfluss zu unterbrechen.

Erläuterungen zur Lernspirale

Ziel der Doppelstunde ist das Kennenlernen der biblischen Geschichte von Gottes Besuch bei Abraham und Sara in Gestalt von drei Männern, die Gottes Zusage an die beiden, einen Sohn zu bekommen, wiederholen und bekräftigen. Die Aussage der Bibel, dass bei Gott nichts unmöglich ist, auch nicht, dass Sara im späten Alter noch einen Sohn zur Welt bringt, wird in einer mehrstufigen Erarbeitung im Rahmen einer Mitmachgeschichte und der Umsetzung des Inhalts im szenischen Spiel erarbeitet und dadurch für die Kinder erfahrbar.

Zum Ablauf im Einzelnen

Im **1. Arbeitsschritt** erläutert die Lehrkraft den Kindern den Ablauf der Stunde.

Im **2. Arbeitsschritt** nehmen die Kinder an der Mitmachgeschichte „Abraham und Sara bekommen Besuch" (M1) teil.

Im Anschluss an die Mitmachgeschichte finden im **3. Arbeitsschritt** ein Blitzlicht und eine Fragerunde zum Verständnis der Geschichte statt.

Im **4. Arbeitsschritt** bilden die Kinder per Losverfahren Sechsergruppen, in denen sie mithilfe von Regiekarten (M2) ein szenisches Spiel zur biblischen Geschichte erarbeiten und proben. Die Lehrkraft erklärt den Kindern, dass sie die Geschichte bis zu der Stelle nachspielen, an der Sara lacht. Die Worte, die Gott dann zu Abraham und Sara spricht, stehen auf der Regiekarte und werden von einem Erzähler vorgelesen. Der Erzähler kann von der Lehrkraft bestimmt werden, wenn die Lesefertigkeiten innerhalb der Lerngruppe noch stark variieren. Die übrigen Gruppenmitglieder werden entsprechend zugelost. Wenn die Kinder noch keine Erfahrungen mit dem szenischem Spiel haben, erklärt die Lehrkraft ihnen die Vorgehensweise und bespricht anhand der Regiekarten, dass sie zunächst die Rollen verteilen und danach die Geschichte frei spielen und mit ihren eigenen Worten das sagen, was die Personen an den jeweiligen Stellen in der biblischen Geschichte mitteilen. Zur Veranschaulichung lässt die Lehrkraft eine Gruppe den Anfang der Geschichte im Plenum vorspielen und gibt Hinweise zur Umsetzung.

Im **5. Arbeitsschritt** präsentieren die Kleingruppen zum Abschluss der Stunde ihr szenisches Spiel. Wenn die Zeit nicht für alle Gruppen ausreicht, können die übrigen Gruppen ihr szenisches Spiel zu Beginn der nächsten Religionsstunde vorführen.

Notizen:

05 Abraham und Sara bekommen Besuch

Mitmachgeschichte „Abraham und Sara bekommen Besuch"

<u>Anmerkungen zur Durchführung:</u> Die Mitmachgeschichte wird im Steh- oder Sitzkreis durchgeführt. Die Lehrkraft übernimmt die Rolle des Erzählers (erste Tabellenspalte) ein und spielt den Kindern die Bewegungen und Gesten (zweite Tabellenspalte) vor. Dabei lässt sie den Kindern ausreichend Zeit, die Bewegungen auszuführen.
Die wörtliche Rede der Erzählung verdeutlicht die Lehrkraft, indem sie die Hände trichterförmig an den Mund führt. Die Kinder wiederholen die Sätze. Bevor die Lehrkraft mit der Erzählung beginnt, führt sie einen Probedurchlauf mit den Kindern durch, damit diese wissen, wann sie die Bewegungen nachahmen und wann sie die Sätze der wörtlichen Rede nachsprechen sollen.

Erzählung der Lehrkraft	Aktivitäten der Kinder
Eines Tages saß Abraham vor seinem Zelt.	Mit beiden Unterarmen ein Zelt formen, Fingerspitzen treffen sich über dem Kopf und bilden die Zeltspitze.
Es war Mittagszeit und die Sonne schien stark vom Himmel herab.	Finger spreizen und mit beiden Händen Sonnenstrahlen nach „unten" schicken.
Da sah Abraham drei fremde Männer, die auf ihn zukamen.	Hände oberhalb der Augen an die Stirn legen und in die Ferne schauen.
Abraham begrüßte die Männer freundlich.	Arme vor der Brust kreuzen und leicht vorbeugen.
Er lud sie ein, sich zu ihm in den Schatten zu setzen und sich vor ihrer Weiterreise auszuruhen.	Mit der Hand zu sich winken, beide Hände flach aufeinanderlegen, an Kopfseite schmiegen und Kopf leicht zur Seite neigen.
Abraham bot den Fremden Essen an.	Im Kreis über Bauch streichen.
Sara war im Zelt.	Mit beiden Unterarmen ein Zelt formen, Fingerspitzen treffen sich über dem Kopf und bilden die Zeltspitze.
Abraham ging zu Sara und sagte: **„Sara, wir haben Besuch! Koche etwas Gutes für unsere Gäste!"**	Auf der Stelle gehen. Nachsprechen.

LS 05.M1 — Abraham

Erzählung der Lehrkraft	Aktivitäten der Kinder
Sara kochte ein köstliches Essen und Abraham brachte es den Männern.	Pantomimisch mit einem Kochlöffel in einem Topf rühren, anschließend den Topf an den Henkeln tragen und dabei auf der Stelle gehen.
Die Fremden aßen alles auf und es schmeckte ihnen gut.	Einen Löffel pantomimisch mehrmals zum Mund führen und über Bauch reiben.
Nach dem Essen fragten die Männer Abraham: **„Wo ist deine Frau Sara?"**	Nachsprechen.
Abraham wunderte sich, dass sie den Namen seiner Frau kannten, und antwortete: **„Sie ist im Zelt."**	Mit beiden Unterarmen ein Zelt formen, Fingerspitzen treffen sich über dem Kopf und bilden die Zeltspitze. Nachsprechen.
Da sagte einer der Fremden zu ihm: **„Deine Frau wird im nächsten Jahr einen Sohn zur Welt bringen."**	Nachsprechen.
Sara lauschte hinter der Zeltwand.	Hand hinter Ohr halten.
Sie musste lachen, als sie die Worte des Fremden hörte.	Lachen.
Sie dachte: **„Ich bin doch schon so alt. Es kann nicht sein, dass ich doch noch einen Sohn bekomme."**	Nachsprechen.
Der Fremde, der Abraham und Sara diese gute Nachricht gebracht hatte, war Gott selbst. Gott sprach: **„Warum lacht Sara? Glaubt sie, sie kann kein Kind mehr bekommen? In einem Jahr wird sie einen Sohn haben, denn bei Gott ist nichts unmöglich."**	Arme nach oben strecken. Nachsprechen.
Und das Kind wurde geboren, so wie Gott es versprochen hatte.	Kind pantomimisch im Arm wiegen.
Abraham und Sara nannten ihn Isaak. **„Isaak heißt Lachen."**	Nachsprechen.

Regiekarte

A1 Wer übernimmt welche Rolle?
Wenn ihr euch nicht einigen könnt, dann lost aus.
Schreibt dazu die Rollen einzeln auf ein Stück Papier, sodass jeder eine Rolle ziehen kann.

A2 Schreibt auf die Regiekarte, wer welche Rolle übernimmt.

Erzähler: _____	Fremder 1: _____
Abraham: _____	Fremder 2: _____
Sara: _____	Fremder 3: _____

Abraham   **Sara**   **drei Fremde**

Text für den Erzähler:
Gott sprach: „Warum lacht Sara? Glaubt sie, sie kann kein Kind mehr bekommen? In einem Jahr wird sie einen Sohn haben, denn bei Gott ist nichts unmöglich." Und das Kind wurde geboren, so wie Gott es versprochen hatte. Abraham und Sara nannten ihn Isaak. Isaak heißt Lachen.

LS 06 Abraham

LS 06 Isaak kommt zur Welt

		Zeitrichtwert	Lernaktivitäten	Material	Kompetenzen
1	PL	5'	L gibt einen Überblick über den Ablauf der Stunde.		– Bezüge der biblischen Geschichte von Isaaks Geburt und der Freude Abrahams und Saras darüber zur eigenen Lebenswelt erkennen – menschliche Grunderfahrungen erkennen und benennen – Segenswünsche formulieren und aussprechen
2	PL	15'	S betrachten ein Bild von Abraham und Sara mit Isaak auf dem Arm. S beschreiben, was sie auf dem Bild sehen, und äußern sich zu den Assoziationen, die das Bild in ihnen auslöst.	M1	
3	PL	15'	S hören einen Lehrer*innenvortrag. S überlegen gemeinsam Segenswünsche für den neugeborenen Isaak und seine Eltern. Diese werden auf Satzstreifen notiert und an der Tafel befestigt.	M2, M3	
4	PA	20'	S schreiben Wünsche für Isaak und seine Eltern auf Schmuckkarten und gestalten diese farbig aus.	M4	
5	PL	20'	S legen ihre Schmuckkarten in der Mitte des Stuhlkreises ab und sprechen die Wünsche dabei aus. Die Klasse singt gemeinsam das Lied „Du bist du".	Schmuckkarten	
6	EA	15'	S füllen einen Lückentext zur Geschichte von Abraham und Sara aus.	M5	

✓ Merkposten

M1 auf Folien kopieren und via Overheadprojektor oder Smartboard präsentieren

Magnete und Tuch bereithalten

für den 5. Arbeitsschritt eine farbige und vergrößerte Kopie des Bildes von Abraham und Sara (M1) in die Mitte des Stuhlkreises auf ein Tuch legen, ggf. das Bild durch eine Wortkarte ergänzen, auf der der Name Issak und die Übersetzung Lachen stehen

Liedtext von „Du bist du" für jedes Kind bereithalten

Tipps

Text und Melodie des Liedes „Du bist du" finden sich im Internet.

Erläuterungen zur Lernspirale

Ziel der Doppelstunde ist die Vermittlung der biblischen Geschichte von der Erfüllung des Versprechen Gottes an Abraham. Die Freude über das seit langem gewünschte Kind wird für die Kinder durch die mehrstufige Annäherung mittels Bildbetrachtung und Formulierung von Segenswünschen als menschliche Grunderfahrung begreiflich. Somit entsteht die Wahrnehmung für Bezüge der biblischen Geschichte zur Lebenswirklichkeit der Kinder heute.

Zum Ablauf im Einzelnen

Im **1. Arbeitsschritt** erläutert die Lehrkraft den Kindern den Ablauf der Stunde.

Im **2. Arbeitsschritt** betrachten die Kinder das Bild von Abraham, Sara und Isaak (M1). Sie äußern ihre Wahrnehmungen und Assoziationen zu dem Bild.

Im **3. Arbeitsschritt** hören die Kinder einen Lehrer*innenvortrag zur Geschichte von Isaaks Geburt und tragen Segenswünsche für Isaak und seine Eltern zusammen. Hierfür hat die Lehrkraft Satzstreifen (M3) mit Satzanfängen vorbereitet, auf denen sie die Wünsche ergänzen. Diese Satzstreifen werden an der Tafel aufgehängt.

Im **4. Arbeitsschritt** dienen die Satzstreifen mit den Segenswünschen für Isaak als Ideenspeicher. Die Kinder schreiben nun zu zweit Wünsche für Isaak und seine Eltern auf Schmuckkarten (M4) und gestalten diese farbig aus.

Die Kinder treffen sich im **5. Arbeitsschritt** im Stuhlkreis, in dessen Mitte auf einem Tuch das Bild von Abraham und Sara mit Isaak liegt. Reihum legen die Kinder ihre Schmuckkarten ab und sprechen ihre Wünsche laut aus. Die Lehrkraft nimmt noch einmal Bezug zu der Freude Gottes über jedes Kind und verdeutlicht, dass dies auch für die Kinder in der Klasse gilt. Im Anschluss daran singt die Klasse gemeinsam das Lied „Du bist du".

Zur Vertiefung bearbeiten die Kinder im **6. Arbeitsschritt** in Einzelarbeit ein Arbeitsblatt mit einem Lückentext zur Geschichte von Isaaks Geburt (M5).

Notizen:

06 Isaak kommt zur Welt

LS 06.M2 Erzählvorlage „Isaak wird geboren"

Isaak wird geboren

Abraham stand vor seinem Zelt. Es war dunkel und viele Sterne leuchteten am Himmel. So hatte er schon einmal vor dem Zelt gestanden, das war viele Jahre her. Damals hatte Gott ihm versprochen, dass er einen Sohn bekommen würde und viele Nachkommen haben würde. So viele, dass man sie nicht zählen könnte, genau so, wie man die Sterne am Himmel nicht zählen konnte. Abraham hatte Gott geglaubt, er vertraute ihm.
Und nun waren er und Sara schon sehr alt und es kam tatsächlich so, wie Gott es ihnen gesagt hatte: Während Abraham in den Sternenhimmel schaute und über seine Begegnungen mit Gott nachdachte, tat sich im Zelt etwas. Er hörte den Schrei eines Babys, laut und deutlich!
Nun kam eine Magd aus dem Zelt und sagte zu Abraham: „Du hast einen Sohn!"
So schnell, wie er konnte, eilte Abraham zu Sara ins Zelt, die seinen Sohn im Arm hielt. Abraham weinte vor Freude und dankte Gott.
Abraham und Sara waren überglücklich. Sie nannten ihren Sohn Isaak. Das bedeutet Lachen. Denn lachen musste Sara, als ein Fremder vor einem Jahr gesagt hatte, dass sie, die doch schon so alt war, bald einen Sohn zur Welt bringen würde. Doch später hatte sie erkannt, dass es Gott war, der zu ihr gesprochen hatte, und nun lachte Sara wieder. Dieses Mal jedoch lachte sie vor Freude über ihren Sohn und fühlte eine tiefe Dankbarkeit Gott gegenüber.

LS 06.M3 Satzstreifen

✂

Wir wünschen Abraham und Sara _____.

Wir wünschen Isaak _____.

Wir wünschen Abraham und Sara _____.

Wir wünschen Isaak _____.

Wir wünschen Abraham und Sara _____.

Wir wünschen Isaak _____.

LS 06.M4 Schmuckkarte

A Schreibt auf.

Wir wünschen Abraham und Sara

_____

_____

_____

Wir wünschen Isaak

_____

_____

_____

LS 06.M5 Lückentext

A Setze die Wörter richtig in den Lückentext ein.

Abraham   Abraham   Abraham   Abraham   Abraham   alt
Gott   Herzen   Isaak   Sara   Sara   Sohn   Zeit

_____ und _____ wünschen sich von

ganzem _____ ein Kind. Doch sie sind schon sehr _____.

_____ verspricht ihnen einen _____.

_____ glaubt Gott. _____ vertraut Gott.

Eine lange _____ vergeht. _____ vertraut weiter auf Gott.

Gott hält sein Versprechen. Gott schenkt _____ und _____ einen Sohn.

Sie nennen ihn _____ .

LS 07

Abraham

LS 07 Isaak und Rebekka

		Zeitrichtwert	Lernaktivitäten	Material	Kompetenzen
1	PL	5'	L gibt einen Überblick über den Ablauf der Stunde.		– eine Vorlage für ein Frottagebild anfertigen – zielgerichtet arbeiten und kooperieren – Arbeitsergebnisse präsentieren
2	PL	10'	S hören die Geschichte von Isaak und Rebekka. Anschließend betrachten sie das Frottagebild von Issak und Rebekka, das während des Vortrags der Geschichte entstanden ist.	M1, M2	
3	PL	15'	Es folgen ein Blitzlicht und eine Fragerunde zum Verständnis der Geschichte und der Methode.		
4	GA/PA	30'	S fertigen in Zufallsgruppen bzw. zu zweit Vorlagen für Frottagebilder zur Geschichte von Isaak und Rebekka an.	M2, M3	
5	PL	20'	S präsentieren ihre Frottagebilder im Museumsrundgang.	Frottagebilder	
6	PL	10'	Abschließend wird die Methode im Plenum reflektiert.		

Merkposten

ggf. Notenständer bereithalten

weiße Blätter, Scheren, Wachsmalkreide und Kleber bereithalten

für die Bildung der Zufallsgruppen geeignete Losgegenstände (Kartenspiel, Ziffern- oder Buchstabenkarten) bereithalten

Tipps

Die Ausschneidefiguren (M2) für die Frottagebilder sollten auf dicke Pappe (Verpackungsmaterial oder alten Kartons) geklebt und ausgeschnitten werden.

Erläuterungen zur Lernspirale

Ziel der Doppelstunde ist die mehrstufige Erarbeitung der Geschichte von Isaak und Rebekka. Durch den Lehrer*innenvortrag, der durch die Entstehung eines Frottagebilds veranschaulicht wird, erhalten die Kinder einen Überblick über die Geschichte. Die Anfertigung von Vorlagen für Frottagebilder zu bedeutsamen Szenen der biblischen Geschichte und das Entwickeln der Frottagebilder im Plenum vertiefen das Verständnis der Kinder hierzu.

Zum Ablauf im Einzelnen

Im **1. Arbeitsschritt** erläutert die Lehrkraft den Kindern den Ablauf der Stunde.

Im **2. Arbeitsschritt** liest die Lehrkraft die Geschichte „Isaak und Rebekka" (M1) vor. Während sie den Kindern von Isaak und Rebekka berichtet, erstellt sie gleichzeitig mit den Ausschneidefiguren (M2) an der Tafel oder auf einem Notenständer ein Frottagebild zur Geschichte (Anleitung siehe Randspalte M2).

Daran schließen sich im **3. Arbeitsschritt** ein Blitzlicht und eine Fragerunde zum Verständnis der Geschichte und der Methode an. Die Kinder erhalten von der Lehrkraft eine Anleitung zur Erstellung einer Vorlage für ein Frottagebild (siehe Randspalte M2).

Nach dieser Anleitung fertigen die Kinder im **4. Arbeitsschritt** in Zufallsgruppen bzw. zu zweit (je nach Klassengröße) mit den Ausschneidefiguren (M2) eine Vorlage für ein Frottagebild zu einer Szene an, die sie auf ihrer Arbeitskarte (M3) vorfinden. Nach Fertigstellen der Vorlage erstellen sie mit Wachsmalkreide ein Frottagebild ihrer Vorlage.

Im **5. Arbeitsschritt** präsentieren die Kinder ihre Frottagebilder im Museumsrundgang. Die Präsentation der Frottagen erfolgt chronologisch, die Zahlen auf den Arbeitskarten entsprechen der Reihenfolge der Szenen in der Geschichte.

Im **6. Arbeitsschritt** kann sich eine Methodenreflexion anschließen.

Notizen:

07 Isaak und Rebekka

Isaak und Rebekka – Teil 1

Abraham war traurig. Seine Frau Sara war gestorben. Auch Abraham war schon sehr alt und hatte sicherlich nicht mehr lange zu leben. Er machte sich Gedanken um seinen Sohn Isaak.
Er wollte, dass Isaak nicht allein war, wenn er starb.
Darum rief er seinen besten Knecht zu sich und sagte zu ihm: „Es wird Zeit, dass Isaak heiratet. Ich möchte nicht, dass er eine Frau von hier heiratet, weil die Frauen aus Kanaan unseren Gott nicht kennen und deshalb nicht auf ihn hören. Er soll eine Frau aus unserer alten Heimat heiraten. Deshalb sollst du nach Harran zu meinen Verwandten reisen und dort eine Frau für Isaak suchen."
Der Knecht tat, worum Abraham ihn gebeten hatte. Seine Begleiter und er sattelten ihre Kamele, beluden sie mit Geschenken und brachen nach Harran auf.
Nach einer langen Reise kamen sie an einer Wasserstelle an, von der aus sie die Stadt Harran sehen konnten. Sie hielten an und stiegen von ihren Kamelen ab.
Es wurde Abend und aus der Stadt kamen Frauen und Mädchen mit Krügen, um Wasser aus dem Brunnen zu schöpfen. Der Knecht fragte sich, ob bei den Mädchen vielleicht die richtige Frau für Isaak dabei sein würde. Aber wie konnte er sie erkennen?
Er betete zu Gott: „Herr, lass es gelingen, dass ich meinen Auftrag erfüllen kann. Ich werde die Mädchen bitten, mich von dem Wasser trinken zu lassen. Und wenn dann ein Mädchen sagt ‚Bitte, trink ruhig und deinen Kamelen will ich auch Wasser geben', dann weiß ich, dass sie die Frau ist, die du für Isaak ausgesucht hast."
Als der Knecht gerade sein Gebet beendet hatte, kam eine junge Frau an die Wasserstelle. Auf ihrer Schulter trug sie einen großen Krug. Sie war sehr schön. Der Knecht ging auf sie zu und bat sie um Wasser. Sie antwortete: „Gerne, trink nur!"
Dann sah sie die Kamele und sagte zu dem Knecht: „Deinen Tieren will ich auch Wasser geben!"
Sie gab dem Knecht zu trinken und füllte danach ihren Krug mehrmals mit Wasser für die Kamele, die kamen und reichlich Wasser tranken. Da wusste der Knecht, dass sie die richtige Frau für Isaak war.
Als sie den Krug ein letztes Mal mit Wasser füllte, um ihn mit in die Stadt zu nehmen, nahm der Knecht von den Geschenken, die er mitgebracht hatte, einen goldenen Haarreif und zwei goldene Armreifen. Er schenkte sie dem überraschten Mädchen und fragte sie: „Wer bist du? Wie heißt du?"
Das Mädchen antwortete: „Ich bin Rebekka, Betuels Tochter."
Sie lud den Knecht für die Nacht zu ihrer Familie nach Hause ein.
Der Knecht war sich nun sicher, dass Gott ihn zu dieser jungen Frau geführt hatte, denn Betuel war mit Abraham verwandt.

Isaak und Rebekka – Teil 2

Rebekkas Vater Betuel und ihr Bruder Laban nahmen den Knecht aus der Fremde freundlich in ihrem Haus auf und staunten, als er ihnen erzählte, was aus ihrem Verwandten Abraham geworden war: Dass er von Gott mit einem neuen, fruchtbaren Land gesegnet worden war, und mit großen Viehherden, vielen Knechten und nach langem Warten auch mit einem Sohn.

Der Knecht erzählte auch, dass er nach Harran gekommen war, um eine Frau für Isaak zu suchen, und wie Gott ihm ein Zeichen gegeben hatte, sodass er jetzt sicher war, dass Rebekka die richtige Frau war.

Rebekkas Familie sagte: „Das hat Gott so geführt."

Sie fragten Rebekka: „Willst du mit diesem Mann nach Kanaan ziehen und Isaak heiraten?"

„Ja", sagte Rebekka. „Das will ich!"

Schon am nächsten Morgen sattelte der Knecht seine Kamele und verabschiedete sich von Betuel.

Auch Rebekka verabschiedete sich von ihrer Familie und brach mit dem Knecht auf nach Kanaan zu Isaak und Abraham.

Dort wurden sie schon sehnsüchtig erwartet. Tagelang hatte Issak nach dem Knecht und seinen Begleitern Ausschau gehalten. Als sie endlich in Kanaan ankamen, war die Freude groß. Isaak und Rebekka gewannen sich bald lieb und heirateten. Die Hochzeit war ein großes Fest, von dem die Menschen noch lange erzählten.

Isaak und Rebekka wünschten sich Kinder. Auch sie mussten lange warten, bis sich ihr Wunsch erfüllte. Abraham war inzwischen gestorben. Doch eines Tages war es soweit. Rebekka brachte Zwillinge zur Welt. Es waren zwei Jungen. Isaak und Rebekka nannten sie Esau und Jakob.

Ausschneidefiguren

Abraham

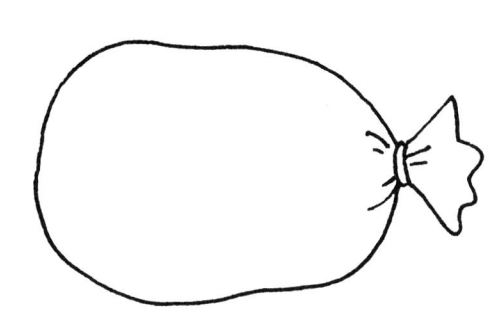

Geschenke

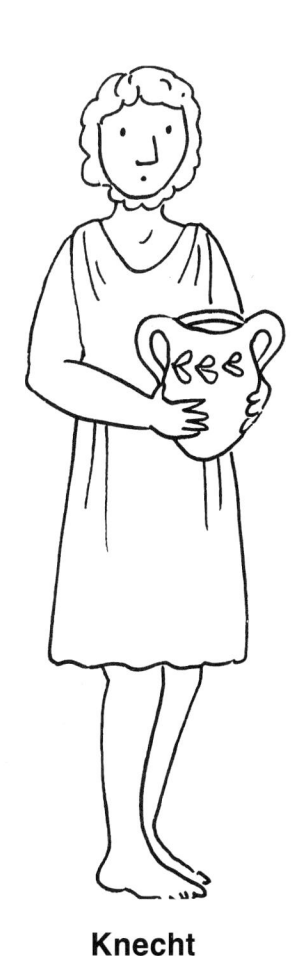

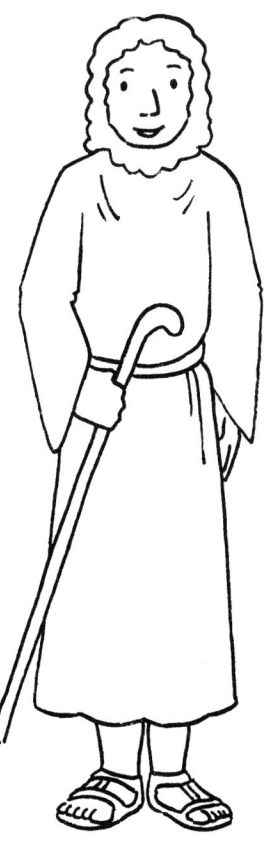

Knecht

Isaak

Rebekka mit Krug

Tipps

Bei der Frottage handelt es sich um eine Durchreibetechnik, bei der ein Blatt Papier auf eine unebene Oberfläche gelegt wird. Dann wird mit einem farbabgebenden Gegenstand über das Papier gerieben. Hierbei zeichnet sich die Oberflächenstruktur auf dem darüberliegenden Papier ab.

Vorlagen für Frottagebilder, die eine Geschichte während des Erzählens bildhaft entstehen lassen, können einfach hergestellt werden. Auf einen Bildträger aus festem Papier werden einzelne Bildelemente aufgeklebt, die für die jeweilige Szene der Geschichte wichtig sind.

Einsatz der Frottage während der Erzählung einer Geschichte: Den vorbereiteten Bildträger an der Tafel oder auf einem Notenständer befestigen, ein gleich großes weißes Blatt darüberlegen, mit Klammern befestigen, damit es nicht verrutscht. Jeweils an entsprechender Stelle der Geschichte mit Wachsmalkreide über eines der Bildelemente reiben, sodass es auf dem weißen Blatt sichtbar wird.

Mit dieser Technik entsteht während des Erzählens ein Bild zur Geschichte.

Die Frottagebilder können auch vor einer anderen Klasse oder den Eltern bei einem Klassenfest präsentiert werden.

Ausschneidefiguren

weitere Mädchen mit Krug

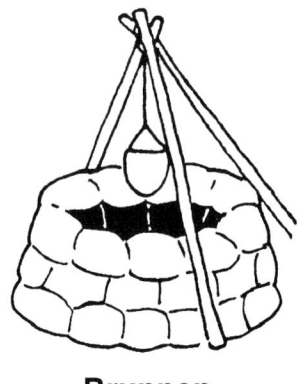

Brunnen

Palme

Rebekka ohne Krug

Rebekkas Verwandtschaft

Kamel

Arbeitskarten

A Gestaltet ein Frottagebild.

① Abraham sagt seinem Knecht, dass er eine Frau für Isaak suchen soll.

A Gestaltet ein Frottagebild.

② Abrahams Knecht und seine Begleiter satteln die Kamele und beladen sie mit Geschenken.

A Gestaltet ein Frottagebild.

③ Der Knecht und seine Begleiter machen sich auf die Reise nach Harran.

A Gestaltet ein Frottagebild.

④ Abrahams Knecht und seine Begleiter kommen an der Wasserstelle an.

A Gestaltet ein Frottagebild.

⑤ Rebekka gibt dem Knecht und den Tieren Wasser.

A Gestaltet ein Frottagebild.

⑥ Rebekkas Familie begrüßt den Knecht.

A Gestaltet ein Frottagebild.

⑦ Rebekka verabschiedet sich von ihrer Familie.

A Gestaltet ein Frottagebild.

⑧ Abrahams Knecht kehrt mit Rebekka zurück zu Isaak.

A Gestaltet ein Frottagebild.

⑨ Isaak und Rebekka als Paar (bereits von Lehrkraft erstellt).

A Gestaltet ein Frottagebild.

⑩ Isaak und Rebekka bekommen Zwillinge.

LS 08 Abraham – Segensspuren

		Zeitrichtwert	Lernaktivitäten	Material	Kompetenzen
1	PL	5'	L gibt einen Überblick über den Ablauf der Stunde.		– wichtige Lebensstationen Abrahams kennen – menschliche Grunderfahrungen erkennen und benennen – Segensspuren Gottes in Abrahams Leben kennen – über Segensspuren im eigenen Leben und dem anderer Kinder reflektieren – Arbeitsergebnisse präsentieren
2	PL	25'	S betrachten die Lebenslinie Abrahams im Kinositz, benennen Lebensstationen und heften Wortkarten dazu an die Tafel. Anschließend äußern sie Gedanken zu den Segensspuren Gottes in Abrahams Leben und beschriften dazu passende Fußspuren, die an die Tafel geheftet werden.	M1, M2, M3	
3	PA	25'	S notieren und illustrieren Segensspuren Gottes in ihrem eigenen Leben.	M3	
4	PL	20'	S stellen ihre Ergebnisse im Rahmen einer Stafettenpräsentation vor.	Segensspuren	
5	EA	15'	S übertragen das Tafelbild in ihr Religionsheft.		

✓ Merkposten

die Abbildung der Lebenslinie Abrahams (M1) auf DIN-A0-Format kopieren, anmalen und mit Magneten an die Tafel heften

die Wortkarten (M2) ausschneiden, laminieren, mit Magnetpunkten versehen und ungeordnet neben die Abbildung (M1) an die Tafel heften

Magnete bereitstellen

die Fußspuren (M3) auf Tonpapier kopieren und ausschneiden

Religionshefte bereithalten

Erläuterungen zur Lernspirale

Ziel der Doppelstunde ist die Vermittlung eines Überblicks über wichtige Lebensstationen Abrahams mit dem Schwerpunkt auf dem Segen, den er von Gott erhält. In einem mehrstufigen Prozess erarbeiten die Kinder die Lebensstationen Abrahams anhand eines Schaubilds und reflektieren über die Segensspuren Gottes, die sowohl in Abrahams Leben als auch in ihrem eigenen zu erkennen sind. Abrahams Bedeutung als Vater des Glaubens mit Nachkommen bis in die heutige Zeit wird dadurch verdeutlicht.

Zum Ablauf im Einzelnen

Im **1. Arbeitsschritt** erläutert die Lehrkraft den Kindern den Ablauf der Stunde.

Im **2. Arbeitsschritt** nehmen die Kinder im Kinositz vor der Tafel Platz, um das Bild von Abrahams Leben (M1) zu betrachten und Lebensstationen aus Abrahams Leben zu entdecken. Anschließend benennen die Kinder die Lebensstationen. Sie wählen Wortkarten (M2), die neben dem Schaubild an der Tafel hängen, aus und heften diese an der entsprechenden Stelle neben der Lebenslinie an die Tafel. In einer Reflexionsrunde spricht die Lehrkraft die Herausforderungen an, die Abraham zu bewältigen hatte, z.B. die Heimat zu verlassen, in ein fremdes Land zu ziehen, kein Haus mehr zu haben, weil er quer durch Kanaan gezogen ist, lange Zeit kein Kind mit Sara zu bekommen, obwohl Gott es ihm mehrfach versprochen hat. Die Lehrkraft erinnert daran, dass Abraham dennoch immer auf Gott vertraut und auf ihn gehört hat, und sie fordert die Kinder auf, ihre Gedanken dazu zu äußern, wie Gott Abraham geholfen hat und wo sichtbar wurde, dass Gott Abraham gesegnet hat. Die Kinder äußern ihre Vermutungen, notieren je nach Schreibkompetenz mit Unterstützung eines anderen Kindes oder der Lehrkraft ein Stichwort dazu in Fußspuren (M3). Dabei führt die Lehrkraft den Begriff „Segensspuren" ein. Zu den Segensspuren können praktische Dinge, z.B. Zelte als Ersatz für ein feststehendes Haus, ebenso gehören wie die Erfüllung von Versprechen, die Gott Abraham gegeben hatte.

Im **3. Arbeitsschritt** erhalten die Kinder die Fußspuren (M3), schneiden diese aus und notieren zu zweit darauf, welche Segensspuren Gott in ihrem eigenen Leben schon hinterlassen hat. Durch welche Menschen und Dinge fühlen sie sich gesegnet? Hierzu schreiben sie Stichwörter auf und malen dazu.

Die Präsentation der Segensspuren findet im **4. Arbeitsschritt** im Rahmen einer Stafettenpräsentation statt. Hierbei heften die Kinder ihre Segensspuren rechts neben die Abbildung mit der Lebenslinie Abrahams, sodass deutlich wird, dass mit ihren Erlebnissen und den Segensspuren in ihrem Leben die Geschichte Abrahams auch heute noch weitergeht.

Abschließend übertragen die Kinder im **5. Arbeitsschritt** das Tafelbild in ihr Religionsheft.

Notizen:

08 Abraham – Segensspuren

LS 08.M2–3 Abraham

LS 08.M2 Wortkarten

Gott ruft Abraham.	Abraham geht mit Gott in ein neues Land.
Abraham zieht durch das Land Kanaan.	Gott verspricht Abraham so viele Nachkommen, wie Sterne am Himmel stehen.
Abraham und Sara bekommen Besuch.	Isaak wird geboren.
Abraham findet eine Frau für Isaak.	Isaak und Rebekka heiraten.
Isaak und Rebekka bekommen Zwillinge.	

LS 08.M3 Fußspuren

A1 Welche Segensspuren hat Gott in eurem Leben hinterlassen? Erzählt euch gegenseitig davon.

A2 Schneidet die Fußspuren aus.
Schreibt Stichwörter zu Gottes Segensspuren in eurem Leben auf die Fußspuren.
Ihr könnt auch ein Bild dazu malen.

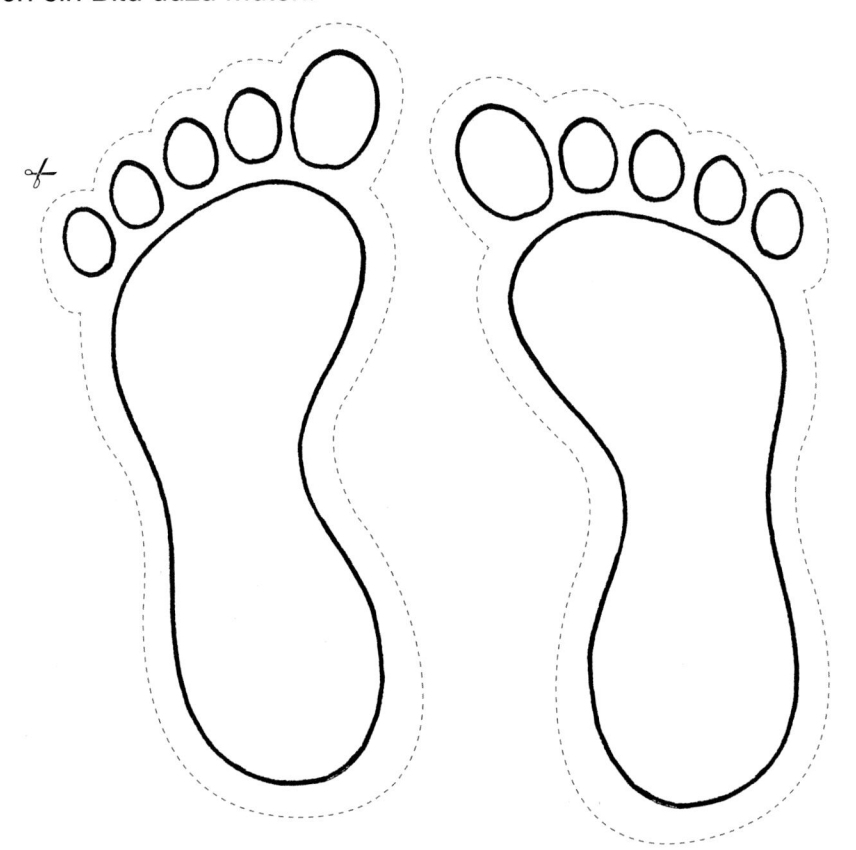

LS 01 Josef – Lieblingssohn und Träumer

		Zeitrichtwert	Lernaktivitäten	Material	Kompetenzen
1	PL	5'	L gibt einen Überblick über den Ablauf der Stunde.		– Bezüge zwischen den Familienbeziehungen in Josefs Familie und den Familienbeziehungen im eigenen Umfeld herstellen – menschliche Grunderfahrungen erkennen und benennen – ein Standbild zu einem biblischen Motiv entwickeln – zielgerichtet arbeiten und kooperieren
2	PL	15'	S hören einen Lehrer*innenvortrag. Anschließend betrachten sie Bilder zu der Geschichte und äußern Vermutungen zu den Gefühlen von Josefs Brüdern.	M1, M2	
3	EA	15'	S übernehmen per Loskarte eine Rolle im zweiten Traumbild Josefs und fertigen eine Requisite dazu an.	M3	
4	PL	25'	S finden sich in unterschiedlichen Konstellationen zu einem Standbild des Traums zusammen. Dabei wechseln sie zwischen darstellender und zuschauender Rolle.		
5	PL	15'	S äußern sich im Blitzlicht zu ihren Eindrücken und zur Methode.		
6	EA	15'	S ergänzen Satzanfänge auf Satzstreifen, kleben die Satzstreifen in ihr Religionsheft und fügen eine Abbildung des Traums hinzu.	M4, M5	

Erläuterungen zur Lernspirale

Ziel der Doppelstunde ist die Einführung zweier Grundmotive, die sich in den Geschichten über Josef im 1. Buch Mose/Genesis immer wieder finden lassen: die Geschwisterbeziehungen und die Träume, in denen wichtige Botschaften Gottes enthalten sind. Die familiären Beziehungen bieten den Kindern die Möglichkeit, an eigene Erfahrungen und an eigenes Vorwissen anzuknüpfen.

Zum Ablauf im Einzelnen

Im **1. Arbeitsschritt** erläutert die Lehrkraft den Kindern den Ablauf der Stunde.

Im **2. Arbeitsschritt** liest die Lehrkraft den Kindern von Josef, seiner Familie und seinen Träumen vor (M1). Anschließend betrachten die Kinder die Bilder von Josefs prächtigem Gewand und von seinem ersten Traum (M2), die die Lehrkraft per Smartboard oder Overheadprojektor zeigt. Sie äußern Vermutungen zu den Gefühlen von Josefs Brüdern.

Im **3. Arbeitsschritt** übernehmen die Kinder per Loskarte eine Rolle im Standbild zu Josefs zweitem Traum. Das Symbol des Sterns wird zwölfmal vergeben, dazu kommen eine Sonne und ein Mond (M3). Je nach Größe der Lerngruppe werden alle Rollen doppelt vergeben, es können auch nur einzelne Positionen zweimal besetzt werden. Jedes Kind fertigt das auf seiner Loskarte abgebildete Symbol als Requisite für das Standbild an und hält das Symbol während des Standbilds vor sich. Dazu nutzen die Kinder die auf Tonpapier kopierten Vorlagen, schneiden die Formen aus und malen sie an.

Die Kinder finden sich im **4. Arbeitsschritt** in unterschiedlichen Konstellationen zu einem Standbild des Traums zusammen. Dabei wechseln sie von der darstellenden in die zuschauende Rolle, sodass jedes Kind die Gelegenheit erhält, sich aus unterschiedlichen Perspektiven in Josef, seine Brüder und die Eltern hineinzuversetzen.

Im **5. Arbeitsschritt** äußern die Kinder ihre während des Standbilds entstandenen Eindrücke und Anmerkungen zur Methode im Blitzlicht.

Abschließend ergänzen die Kinder im **6. Arbeitsschritt** Satzanfänge auf Satzstreifen (M4) mit ihren Vermutungen dazu, wie sich die Brüder fühlten und was sie dachten, kleben die Satzstreifen in ihr Religionsheft und fügen eine Abbildung des Traums (M5) hinzu.

✓ Merkposten

das Bild (M2) auf Folien kopieren und via Overheadprojektor oder Smartboard präsentieren

die Loskarten (M3) auf festes Papier kopieren, ausschneiden und in einem Säckchen oder einem Kästchen zum Ziehen aufbewahren, zusätzlich die Loskarten (M3) auf weißes Tonpapier kopieren

Religionsheft bereithalten

Notizen:

01 Josef – Lieblingssohn und Träumer

Josef

Jakob hatte zwölf Söhne. Sein Lieblingssohn war Josef, der zweitjüngste der Brüder. Wenn die älteren Brüder auf den Weiden nach den großen Viehherden schauten, erzählte Jakob ihm und seinem jüngsten Sohn Benjamin oft von früher. Die Geschichten von Abraham und Isaak interessierten Josef sehr. Jakob freute sich, dass Josef sich alles so gut merkte und immer mehr von Gott wissen wollte: Wie es war, als Gott Abraham in das Land Kanaan geführt hatte, in dem sie nun lebten? Und dass Gott so viele Nachfahren versprochen hatte, wie Sterne in klaren Nächten am Himmelszelt zu sehen waren, nämlich unzählig viele.
Die älteren Brüder jedoch waren eifersüchtig auf Josef. Denn er durfte viele Stunden bei ihrem Vater Jakob verbringen, während sie die Schafe hüteten und sich darum kümmerten, dass es dem Vieh gut ging. Hinzu kam, dass Josef die Brüder bei ihrem Vater verpetzte, wenn sie etwas taten, das sie nicht durften. Der Neid der Brüder wurde noch größer, als Jakob ein prächtiges Gewand für Josef kaufte. Josef trug es mit Stolz und auf seine Brüder, die in einfachen Gewändern ihrer Arbeit nachgingen, wirkte er damit sehr hochmütig.
Eines Nachts hatte Josef einen besonderen Traum, von dem er seinen Brüdern erzählte: „Ich habe im Traum ein Kornfeld gesehen. Wir haben das geschnittene Korn zu Garben gebunden, jeder von uns eine. Doch meine Garbe war die größte von allen und sie stand in der Mitte. Eure Garben verneigten sich vor meiner Garbe."
Als die Brüder das hörten, waren sie wütend. Sie riefen: „Du denkst wohl, du bist etwas Besseres als wir? Willst du vielleicht unser König werden?"
Und als Josef ihnen wenig später von seinem zweiten seltsamen Traum berichtete, ärgerten sie sich noch mehr über ihn. In diesem Traum, so berichtete Josef ihnen, hatte er den Mond, die Sonne und elf Sterne gesehen, die sich tief vor einem zwölften Stern verneigten. Und dieser zwölfte Stern war er, ihr Bruder Josef.
Über diesen Traum war sogar Jakob erschrocken und er schimpfte mit Josef: „Was denkst du dir? Sollen wir vor dir auf die Knie fallen, deine Mutter, dein Vater und deine elf Brüder? Was bildest du dir ein?"
Doch Jakob merkte, dass Josef diese Träume ernst nahm, und glaubte, dass Gott sie ihm geschickt hatte. So wuchs der Zorn der Brüder auf Josef und er merkte nicht, dass sie ihn immer hasserfüllter ansahen.

Bilder „Josef – Lieblingssohn und Träumer"

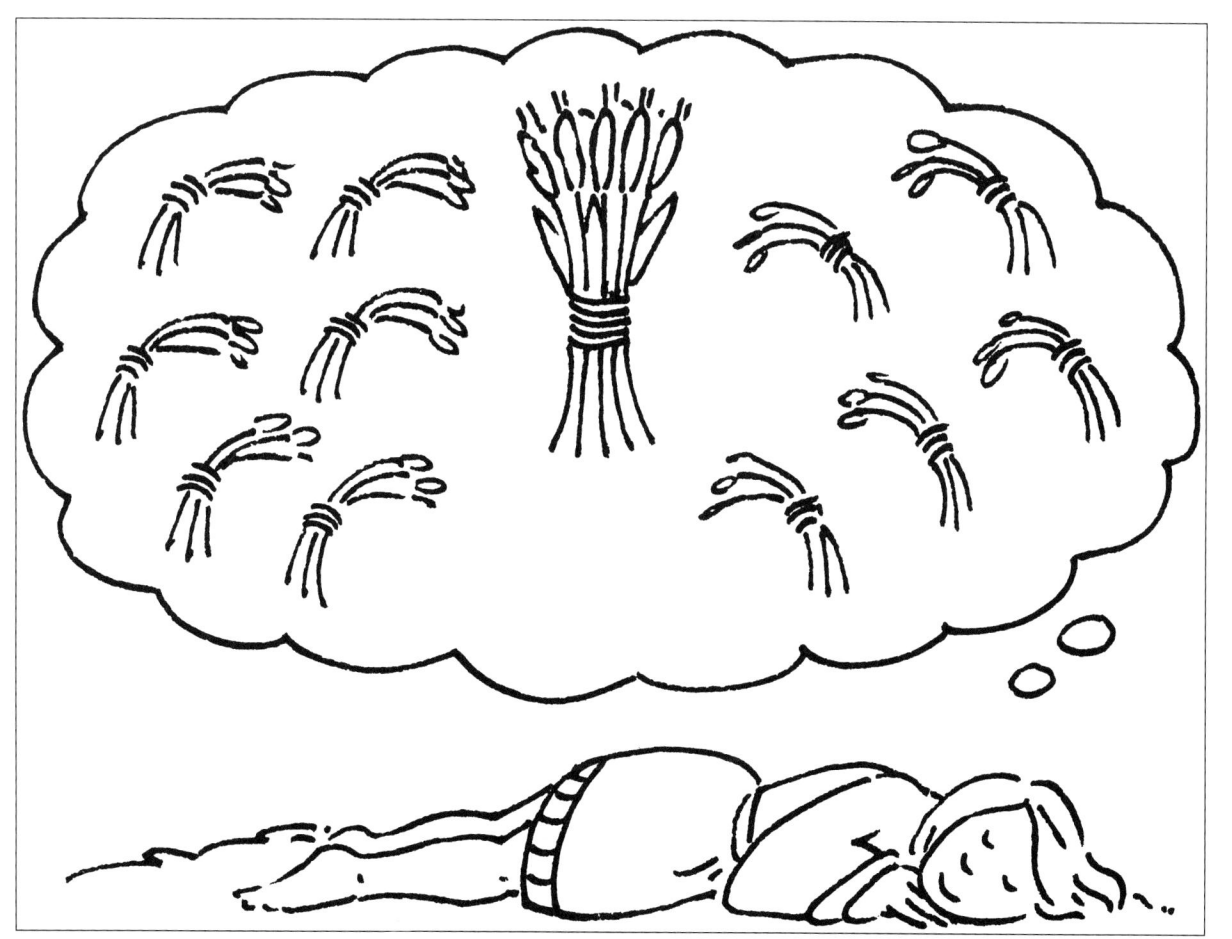

LS 01.M3–5 Josef

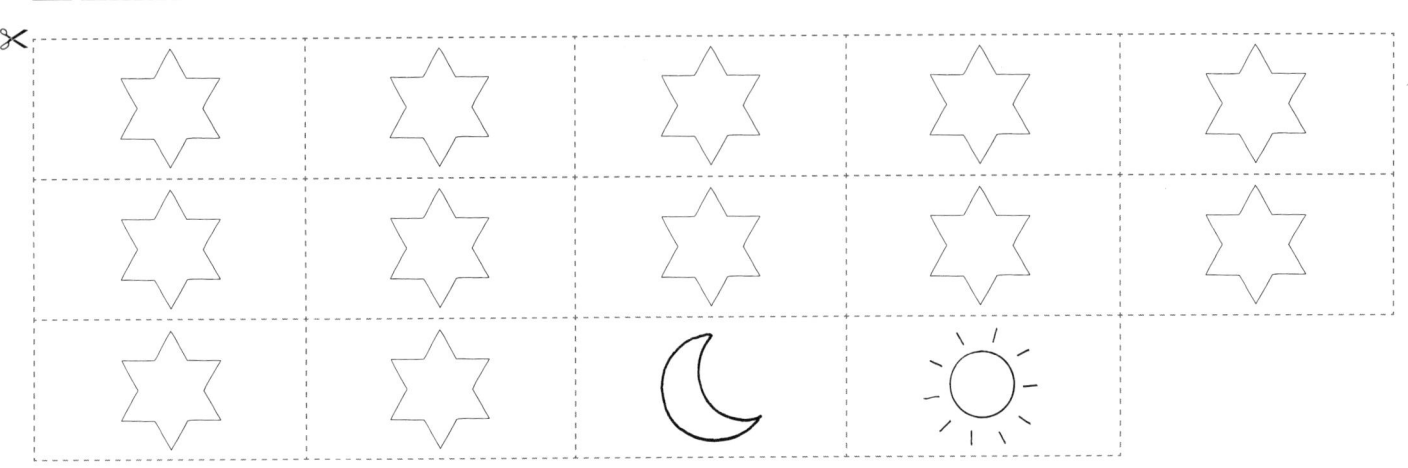

LS 01.M3 Loskarten für das Standbild

LS 01.M4 Satzstreifen

A1 Was fühlten und dachten Josefs Brüder?
Ergänze die Satzanfänge auf den Satzstreifen.

A2 Schneide die Satzstreifen aus und klebe sie in dein Religionsheft.

A3 Zeichne ein Bild zu den Satzstreifen.

Als Josef das schöne Gewand von seinem Vater Jakob bekam, dachten seine Brüder:

„ _____
_____ "

Als Josef von seinen Träumen erzählte, fanden die Brüder das

_____
_____

LS 01.M5

LS 02 Josef wird von seinen Brüdern verkauft

		Zeitrichtwert	Lernaktivitäten	Material	Kompetenzen
1	PL	5'	L gibt einen Überblick über den Ablauf der Stunde.		– die biblische Geschichte vom Verrat der Brüder an Josef kennen – sich eine Geschichte anhand einer Bilderfolge erschließen – menschliche Grunderfahrungen erkennen und benennen – zielgerichtet arbeiten und kooperieren – Arbeitsergebnisse präsentieren
2	PA	15'	S erschließen sich die Handlung der biblischen Geschichte von Josef und seinen Brüdern mithilfe einer Bilderfolge und ordnen den Bildern Beschreibungen zu.	M1	
3	GA	15'	Je zwei Tandems schließen sich zu Vierergruppen zusammen und erzählen sich die Geschichte reihum, wobei jeder ein Bild beschreibt.	M1	
4	PL	15'	Eine ausgeloste Gruppe heftet die Bilder mit den Beschreibungen an die Tafel. Dabei erzählen die Kinder die Geschichte nach.	M1	
5		10'	Es findet ein Blitzlicht mit Fragen zur Geschichte statt.		
6	PL	15'	S hören einen Lehrer*innenvortrag.	M2	
7	EA	15'	S ergänzen auf M1 ein Bild zum letzten Teil der Geschichte.	M1	

Erläuterungen zur Lernspirale

Ziel der Doppelstunde ist das Erschließen der Geschichte vom Verrat der Brüder an Josef und an ihrem Vater. In einem mehrstufigen Verfahren erschließen die Kinder sich den Ablauf und die Schwerpunkte der biblischen Geschichte eigenständig anhand einer Bilderfolge im gegenseitigen Austausch.

Zum Ablauf im Einzelnen

Im **1. Arbeitsschritt** erläutert die Lehrkraft den Kindern den Ablauf der Stunde.

Im **2. Arbeitsschritt** erschließen sich die Kinder die Handlung der biblischen Geschichte von Josef und seinen Brüdern mithilfe einer Bilderfolge (M1) in Tandems und ordnen den Bildern passende Beschreibungen zu.

Im **3. Arbeitsschritt** schließen sich je zwei Tandems zu Vierergruppen zusammen und erzählen die Geschichte reihum, sodass jedes Kind mindestens ein Bild beschreibt. Hierbei gleichen sie ihr Verständnis der Handlung miteinander ab und beantworten offene Fragen.

Eine ausgeloste Gruppe erzählt im **4. Arbeitsschritt** die Geschichte vor der Klasse und befestigt dabei die Bilder und die Beschreibungen an der Tafel. Die Gruppenmitglieder wechseln sich dabei ab.

Im **5. Arbeitsschritt** folgt ein Blitzlicht mit Fragen zum Verständnis der Geschichte.

Im **6. Arbeitsschritt** erzählt die Lehrkraft, wie die Brüder ihren Vater Jakob belügen und ihn in dem Glauben lassen, Josef sei tot.

Abschließend zeichnen die Kinder im **7. Arbeitsschritt** in den leeren Rahmen auf M1 ein Bild zu dem letzten Teil der Geschichte, nachdem im Plenum besprochen wurde, welche Bilddetails sich hierfür eignen.

✓ Merkposten

für die Bildung der Tandems geeignete Losgegenstände (Kartenspiel, Ziffern- oder Buchstabenkarten) bereithalten

Bilder und Beschreibungen für den 4. Arbeitsschritt größer kopieren, ggf. laminieren und ausschneiden

Magnete bereithalten

Notizen:

02 Josef wird von seinen Brüdern verkauft

A1 Betrachtet die Bilder und lest die Texte.

A2 Verbindet die Bilder mit dem passenden Text.

Ein Bruder sagt: „Wir schlagen ihn tot!" Der älteste Bruder Ruwen sagt: „Das dürfen wir nicht! Werft ihn lieber lebendig in einen Brunnen!"

Die Brüder sehen Josef in der Ferne und rufen: „Schaut, da kommt der Träumer!"

Die Brüder werfen Josef in einen Brunnen. Josef weint.

Die Brüder packen Josef und ziehen ihm das schöne Gewand aus.

Jakob schickt Josef zu seinen Brüdern.

Eine Karawane zieht vorbei. Die Brüder verkaufen Josef als Sklaven an den Anführer der Karawane.

Erzählvorlage „Die Lüge der Brüder"

Die Lüge der Brüder

Ruwen, der älteste Sohn von Jakob, war nicht dabei, als die anderen Brüder Josef erst in den Brunnen geworfen und dann an den Anführer der vorbeiziehenden Karawane verkauft hatten.
Als er zurückkam und Josef aus dem Brunnen retten wollte, war das Brunnenloch leer. Er erschrak und hörte entsetzt, was die Brüder getan hatten.
„Das ist ja schrecklich, wenn unser Vater das hört!", rief er.
Doch seine Brüder hatten sich schon eine Lüge überlegt, mit der sie Jakob erklären wollten, was geschehen war: Sie schlachteten einen Ziegenbock und färbten das Gewand von Josef mit dem Blut des toten Tieres. Dann übergaben sie es einem Knecht und schickten ihn mit der Nachricht zum Vater, dass Josef von einem wilden Tier gefressen worden sei und sie nur noch das blutgetränkte Gewand gefunden hätten. Von ihrem Bruder jedoch gäbe es keine Spur.
Jakob wartete inzwischen vor seinem Haus auf Josefs Rückkehr. Weil schon viele Stunden vergangen waren, seit er Josef zu seinen Brüdern geschickt hatte, machte Jakob sich große Sorgen. Ob ihm etwas zugestoßen war?
Als der Knecht bei ihm mit dem Gewand voller Blut ankam und erzählte, was die Brüder ihm aufgetragen hatten, weinte Jakob laut und rief: „Josef ist tot! Josef ist tot!"
Er wollte sich von niemandem trösten lassen und vergrub sich in seinem Kummer.

LS 03 Josef kommt zu Potifar

		Zeitrichtwert	Lernaktivitäten	Material	Kompetenzen
1	PL	5'	L gibt einen Überblick über den Ablauf der Stunde.		– biblische Geschichten auf die eigene Lebenswelt und die eigenen Erfahrungen beziehen – strukturiert kommunizieren – menschliche Grunderfahrungen erkennen und benennen – zielgerichtet arbeiten und kooperieren – Arbeitsergebnisse präsentieren
2	EA	10'	S malen und/oder schreiben auf, welche Gaben und Talente sie haben, was sie gut können und gerne tun.	M1	
3	DK	15'	S tauschen sich im Doppelkreis zu ihren Gaben und Talenten aus.		
4	PL	15'	S hören Lehrer*innenvortrag.	M2	
5	GA	25'	S bearbeiten Fragen mit einem persönlichen Bezug zu der biblischen Geschichte anhand der Placemat-Methode.	M3	
6	PL	15'	Ausgeloste Gruppen präsentieren ihre Arbeitsergebnisse im Plenum.		
7	EA	5'	S beschriften und verzieren Gebetskärtchen.	M4	

Merkposten

Tipps

Ist die Lerngruppe noch nicht mit der Placemat-Methode vertraut, empfiehlt es sich, die Vorgehensweise beispielhaft im Plenum zu demonstrieren. Die Lehrkraft nennt die Aufgabenstellung, die sich im Mittelfeld der Placemat-Vorlage befindet und erklärt, dass jeder zunächst in stiller Einzelarbeit Notizen und Zeichnungen zur Beantwortung der Fragestellung in dem vor ihm liegenden Außenfeld festhält. Danach wird die Placemat-Vorlage immer eine Station weitergedreht, sodass die Kinder nacheinander die Aufzeichnungen der drei anderen Gruppenmitglieder betrachten und lesen können. In einer letzten Runde tauschen sich die Kinder über ihre festgehaltenen Erfahrungen zur Fragestellung aus.

Zur zeitlichen Strukturierung der einzelnen Arbeitsphasen bietet sich der Einsatz eines akustischen Signals an.

Erläuterungen zur Lernspirale

Ziel der Doppelstunde ist die Erschließung der biblischen Geschichte von Josefs Zeit als Sklave im Hause Potifars. Der Schwerpunkt dieser Einheit liegt darauf, Bezüge zur eigenen Lebenswelt und zu eigenen Erfahrungen herzustellen. Die Kinder reflektieren in diesem Rahmen über die Gaben, die Gott Josef geschenkt hat, und ihre eigenen Begabungen ebenso wie über das Gefühl, ungerecht behandelt zu werden.

Zum Ablauf im Einzelnen

Im **1. Arbeitsschritt** erläutert die Lehrkraft den Kindern den Ablauf der Stunde.

Im **2. Arbeitsschritt** sollen die Kinder aufschreiben oder malen, welche Gaben und Talente sie haben, was sie gut können und gerne tun (M1).

Im **3. Arbeitsschritt** präsentieren die Kinder ihre Notizen und/oder Zeichnungen zu zweit im Doppelkreis.

Anschließend trägt die Lehrkraft **im 4. Arbeitsschritt** die Erzählung über Josefs Zeit als Sklave im Hause Potifars vor (M2).

Im **5. Arbeitsschritt** notieren die Kinder anhand der Placemat-Vorlage (M3) ihren persönlichen Bezug zu der biblischen Geschichte (Josef verhält sich anständig und trotzdem wird ihm eine böse Tat unterstellt und er wird ungerecht behandelt). Sie setzen sich mit der Frage auseinander, ob und in welcher Situation sie schon einmal ungerecht behandelt worden sind.

Danach präsentieren ausgeloste Gruppen im **6. Arbeitsschritt** ihre Placemats im Plenum.

Im **7. Arbeitsschritt** beschriften und verzieren die Kinder ein Gebetskärtchen (M4) zum Thema, nachdem die Lehrkraft die Kinder darauf hingewiesen und ermutigt hat, sich im Gebet an Gott zu wenden und um Schutz und Hilfe zu bitten.

Notizen:

___

___

___

___

___

03 Josef kommt zu Potifar

LS 03.M1 Notizzettel

A1 Schreibe auf.

1. Welche Gaben hat Gott mir geschenkt?

2. Was kann ich besonders gut?

LS 03.M2 Erzählvorlage „Josef kommt zu Potifar"

Josef kommt zu Potifar

Josefs Brüder verkauften Josef an den Anführer einer Karawane, die nach Ägypten zog. Als sie dort ankamen, verkaufte der Anführer Josef als Sklave an einen reichen Mann. Sein Name war Potifar. Josef arbeitete von morgens an bis in die Nacht und er zeigte bei allen Aufgaben großes Geschick. Egal ob er in der Küche oder im Garten arbeitete: Josef machte seine Sache stets gut. Das, was seine Brüder ihm angetan hatten, und das Leben, das er nun führte, hatten Josef verändert. Er war nicht mehr stolz und hochmütig. Er betete zu Gott und bat ihn, dass er seine Arbeit gut erledigte. Er dankte ihm, dass er im Haus von Potifar und in dem fremden Land, dessen Sprache er schon bald verstand, gut zurechtkam.
Potifar freute sich darüber, dass Josef seine Pflichten so gut erfüllte, und ernannte ihn zum obersten Sklaven. Josef sollte nun die anderen Sklaven bei der Arbeit einteilen und alles, was mit dem Haus, dem Garten und den Tieren zu tun hatte, verwalten.
Josef sagte: „Mit Gottes Hilfe will ich es versuchen."
Und so sorgte Gott auch in Ägypten für Josef und ließ alles gelingen, was er anpackte. Doch dann geschah etwas Schreckliches. Potifars Frau war oft allein und wollte, dass Josef sich um sie kümmerte und mit ihr schmuste. Josef blieb anständig, dachte an seinen großzügigen Herrn und ging nicht darauf ein. Darüber ärgerte sich Potifars Frau so sehr, dass sie Josef beschuldigte, er hätte sich zu ihr legen und sie küssen wollen. Sie erzählte diese Lüge den anderen Dienern und ihrem Mann, als der nach Hause kam. Potifar wurde wütend und rief: „Josef hat mich betrogen! Ich will ihn nie wiedersehen! Werft ihn ins Gefängnis!" Und so kam Josef unschuldig ins Gefängnis.

Placemat-Vorlage

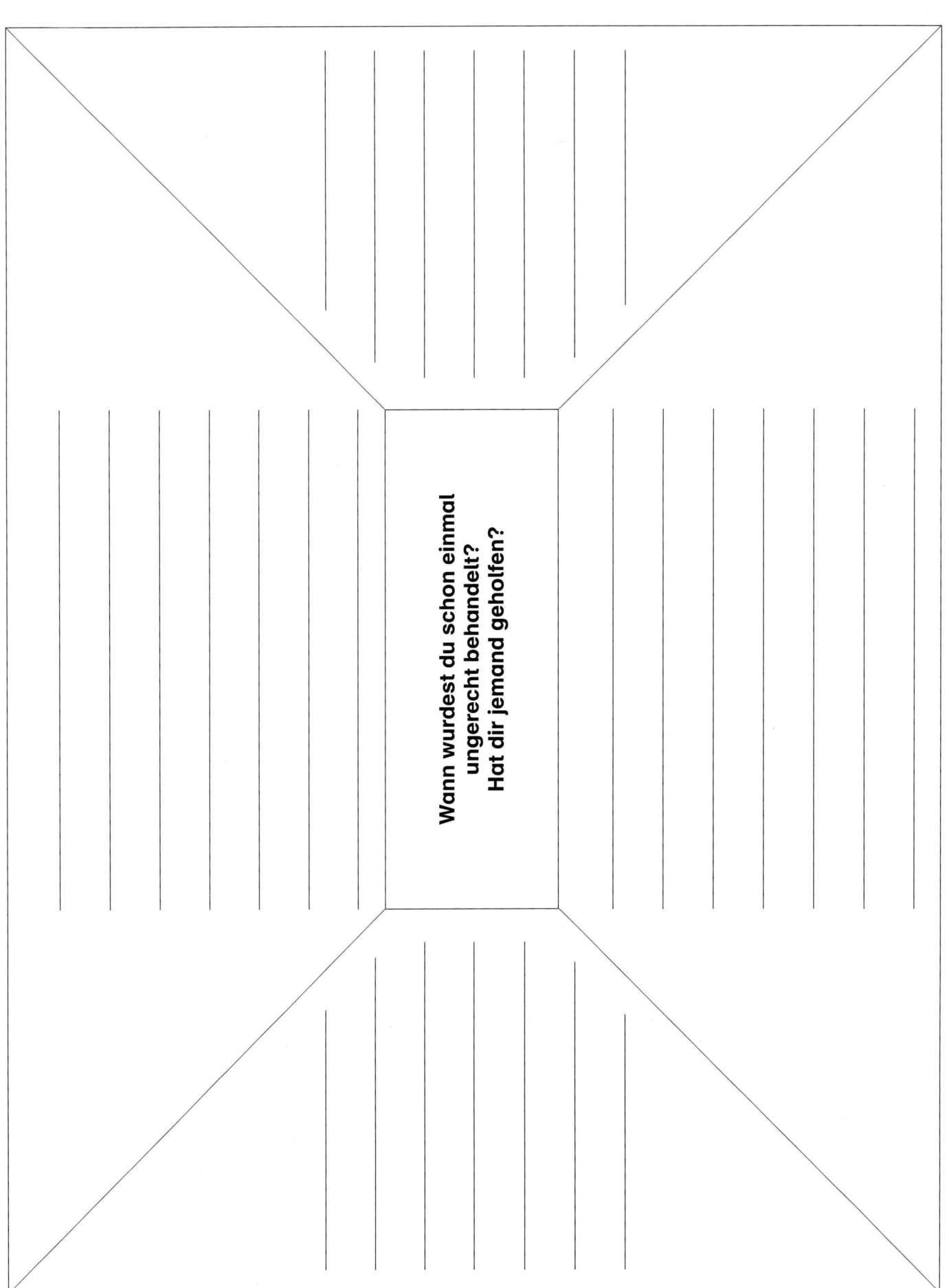

Wann wurdest du schon einmal ungerecht behandelt? Hat dir jemand geholfen?

Gebetskärtchen

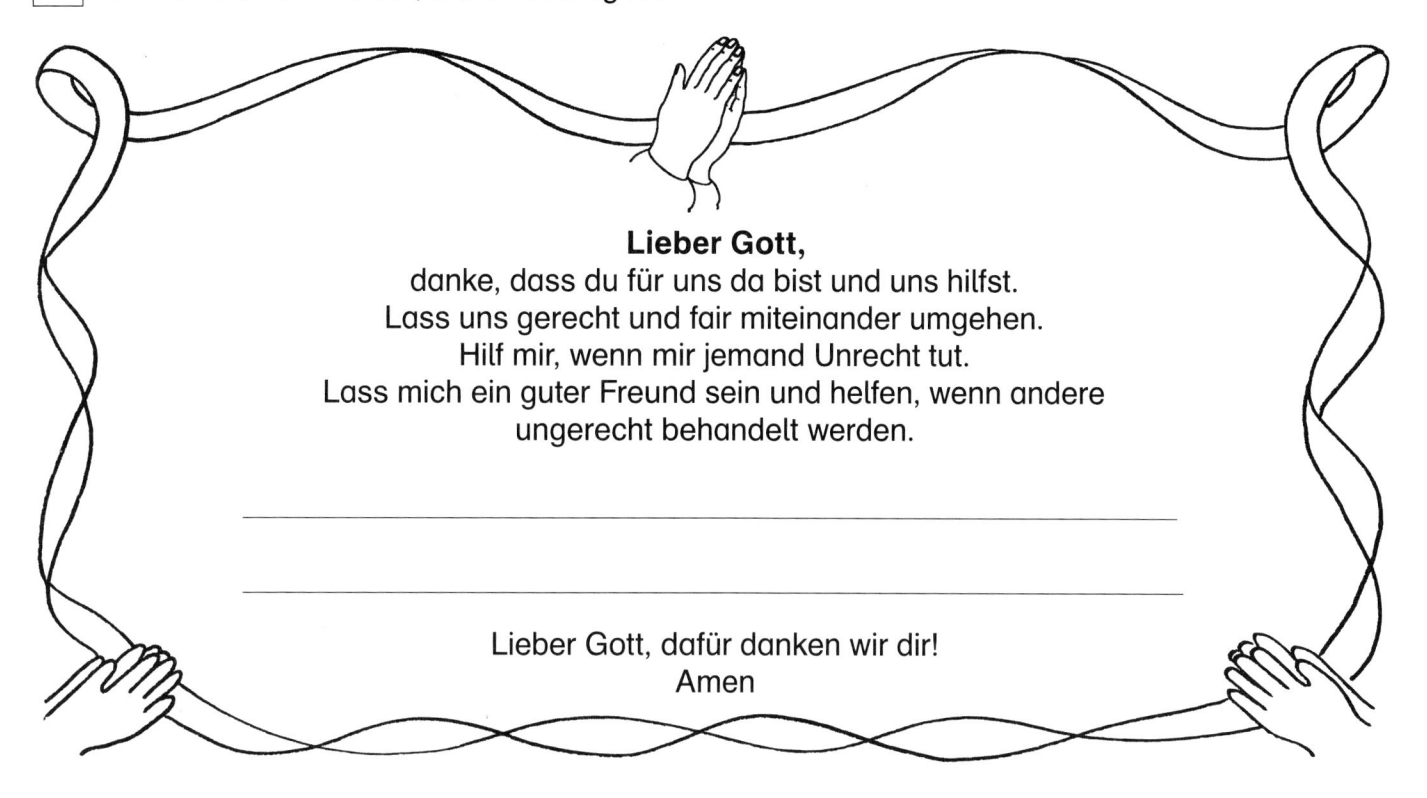

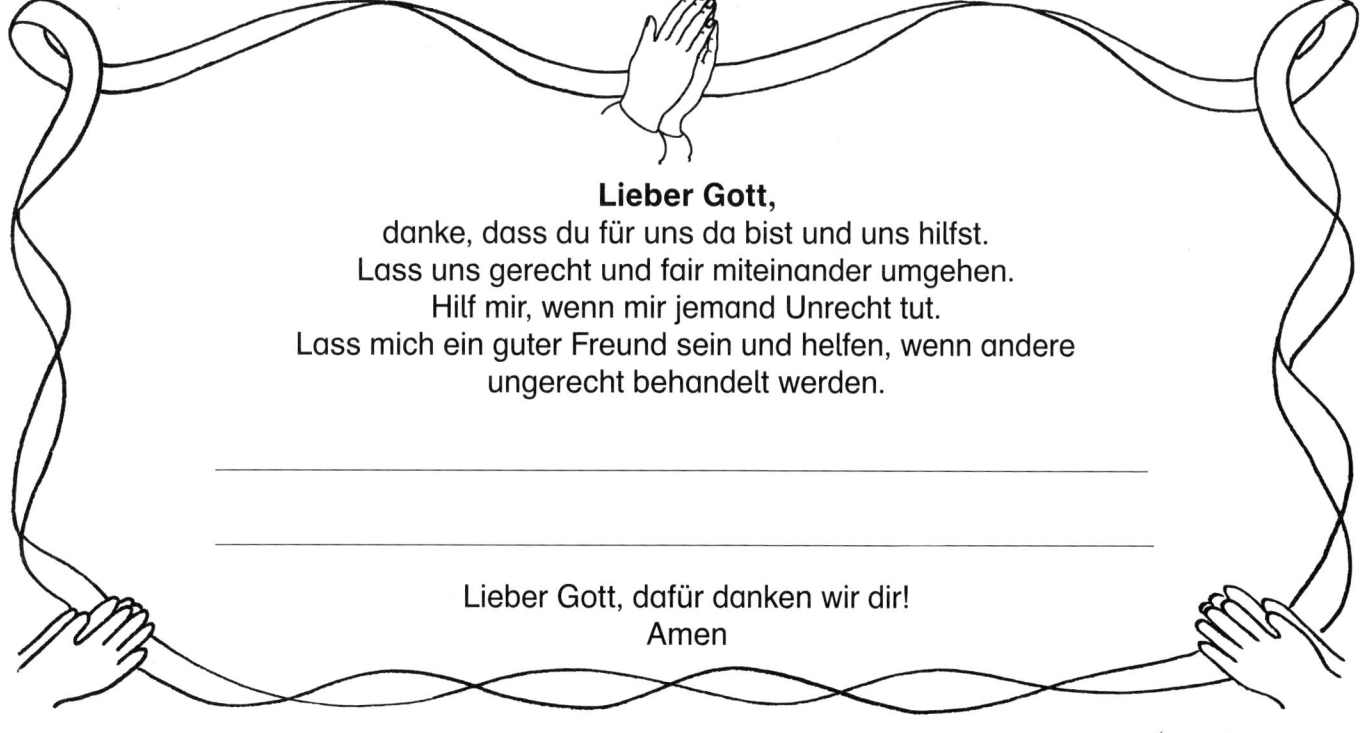

A1 Lies das Gebet.

A2 Schreibe eine Bitte auf, die dir wichtig ist.

Lieber Gott,
danke, dass du für uns da bist und uns hilfst.
Lass uns gerecht und fair miteinander umgehen.
Hilf mir, wenn mir jemand Unrecht tut.
Lass mich ein guter Freund sein und helfen, wenn andere
ungerecht behandelt werden.

_____

_____

Lieber Gott, dafür danken wir dir!
Amen

A1 Lies das Gebet.

A2 Schreibe eine Bitte auf, die dir wichtig ist.

Lieber Gott,
danke, dass du für uns da bist und uns hilfst.
Lass uns gerecht und fair miteinander umgehen.
Hilf mir, wenn mir jemand Unrecht tut.
Lass mich ein guter Freund sein und helfen, wenn andere
ungerecht behandelt werden.

_____

_____

Lieber Gott, dafür danken wir dir!
Amen

LS 04 Josef im Gefängnis

		Zeitrichtwert	Lernaktivitäten	Material	Kompetenzen
1	PL	5'	L gibt einen Überblick über den Ablauf der Stunde.		– sich in biblische Figuren hineinversetzen und Bezüge zu der eigenen Erfahrens- und Erlebniswelt herstellen – menschliche Grunderfahrungen erkennen und benennen – Arbeitsergebnisse im Rahmen einer Stafettenpräsentation vorstellen
2	PL	15'	S hören ein Beispiel über Hilfsbereitschaft unter Freunden.		
3	GA	15'	S erzählen in Zufallsgruppen, wo sie Hilfsbereitschaft erfahren haben und wem sie schon einmal geholfen haben.		
4	PL	10'	Es findet ein Blitzlicht zur Fragestellung statt.		
5	PL	15'	S hören Lehrer*innenvortrag.	M1	
6	EA	15'	S reflektieren, wie die Geschichte weitergehen könnte, notieren ihre Vermutungen und malen ein Bild dazu.	M2	
7	PL	15'	Die Präsentation der Arbeitsergebnisse erfolgt im Rahmen einer Stafettenpräsentation.		

✓ Merkposten

für den 7. Arbeitsschritt Magnete bereithalten

für die Bildung der Zufallsgruppen geeignete Losgegenstände (Kartenspiel, Ziffern- oder Buchstabenkarten) bereithalten

Tipps

Vor dem 6. Arbeitsschritt kann die Lehrkraft die Kinder, die die biblische Geschichte schon kennen, für diesen Arbeitsschritt bitten, ihr Wissen zu notieren und ein Bild dazu zu malen, ohne den anderen Kindern zu verraten, wie dieser Teil von Josefs Geschichte endet.

Erläuterungen zur Lernspirale

Ziel der Doppelstunde ist die Vermittlung der biblischen Geschichte von Josefs Zeit im Gefängnis, seiner grundsätzlichen Hilfsbereitschaft den anderen Gefangenen gegenüber und der Deutung der Träume des Bäckers und des Mundschenks. Dabei liegt ein Schwerpunkt der handlungsorientierten Erarbeitung der Geschichte auf der Reflexion eigener Erfahrungen mit dem Thema Hilfsbereitschaft.

Zum Ablauf im Einzelnen

Im **1. Arbeitsschritt** erläutert die Lehrkraft den Kindern den Ablauf der Stunde.

Im **2. Arbeitsschritt** hören die Kinder ein Beispiel über Hilfsbereitschaft unter Freunden. Hier kann die Lehrkraft ein Beispiel aus dem Alltag, z. B. aus dem Schulalltag, erzählen.

Im **3. Arbeitsschritt** erzählen die Kinder in Zufallsgruppen, wo sie Hilfsbereitschaft erfahren haben und wem sie schon einmal geholfen haben.

Im **4. Arbeitsschritt** schließt sich ein Blitzlicht zur Fragestellung an.

Im **5. Arbeitsschritt** trägt die Lehrkraft die Erzählung von Josefs Zeit im Gefängnis (M1) bis zu der Stelle vor, an der der Mundschenk entlassen wird und wieder für den Pharao arbeiten darf.

Im **6. Arbeitsschritt** reflektieren die Kinder über die Frage, ob der Mundschenk an Josef denken und beim Pharao für ihn eintreten wird. Sie notieren Ideen dazu, wie die Geschichte weitergehen könnte und malen ergänzend ein Bild (M2).

Die Präsentation ihrer Arbeitsergebnisse erfolgt im **7. Arbeitsschritt** im Rahmen einer Stafettenpräsentation, zu deren Abschluss die Lehrkraft erzählt, dass der Mundschenk Josef zunächst vergisst und sich erst sehr viel später an den Gefangenen erinnert, der damals im Gefängnis seinen Traum richtig gedeutet hatte.

Notizen:

04 Josef im Gefängnis

Josef im Gefängnis

Potifar ließ Josef zu Unrecht ins Gefängnis werfen. Doch auch hier verließen ihn der Lebensmut und das Vertrauen auf Gott nicht. Zu Recht, denn Gott sorgte auch im Gefängnis für Josef.

Dem Gefängnisleiter fiel bald auf, dass Josef nicht wie die anderen Gefangenen war. Er fasste Vertrauen zu Josef und setzte ihn als Aufseher der Gefangenen ein, damit er selbst Unterstützung hatte.

Schon bald kannte Josef sich gut aus. Der Gefängnisleiter musste sich um nichts mehr kümmern. Gott ließ Josef auch hier alle Taten gelingen. Josef versorgte die Gefangenen jeden Tag und brachte ihnen Essen. Wenn sie mutlos waren, fand er gute Worte für sie und wenn sie zornig waren, beruhigte er sie.

Auch zwei Diener des Pharaos von Ägypten befanden sich unter den Gefangenen. Der eine war der Mundschenk des Pharaos. Zu seinen Aufgaben hatte es gehört, die besten Weine aus der ganzen Umgebung für den Pharao zu besorgen und sie zu probieren, bevor der Pharao davon trank, um sicherzustellen, dass der Wein nicht vergiftet war.

Der andere Mann war der oberste Bäcker des Pharaos. Er backte das köstlichste Brot und beaufsichtigte die anderen Bäcker, die ebenfalls dem Pharao dienten.

Diese beiden Diener erzählten Josef eines Tages bedrückt, dass sie beide jeweils einen Traum gehabt hatten, den sie nicht verstanden. Die Träume waren unterschiedlich und ähnelten sich dennoch ein bisschen. Josef ermutigte sie, ihm die Träume zu erzählen. Er wollte mit Gottes Hilfe versuchen, sie zu deuten.

Der Mundschenk berichtete, dass er im Traum einen Weinstock mit drei Reben gesehen hatte. Er konnte sehen, wie der Weinstock grün wurde, blühte und Trauben an den Reben reiften. In dem Traum hielt der Mundschenk den Becher des Pharaos in der Hand und presste den Saft der Trauben hinein.

Josef hörte genau zu und sagte dann: „Das war ein guter Traum! Die drei Reben bedeuten drei Tage. In drei Tagen wirst du aus dem Gefängnis kommen und wieder als Mundschenk beim Pharao arbeiten."

Der Mundschenk freute sich und Josef bat ihn: „Wenn du wieder beim Pharao bist, dann denke an mich. Bitte ihn, mich freizulassen, denn ich sitze unschuldig im Gefängnis."

Da traute auch der Bäcker sich, von seinem Traum zu erzählen. Er trug in dem Traum drei Körbe mit Backwaren auf seinem Kopf. Sie standen übereinander und der oberste Korb war offen. Da kamen Vögel und fraßen alle Köstlichkeiten auf, die sich in dem Korb befanden.

Als Josef das hörte, sagte er traurig zu dem Bäcker: „Dieser Traum bedeutet nichts Gutes. Du wirst in drei Tagen aus dem Gefängnis geholt und getötet."

Der Bäcker erschrak und schrie Josef an: „Das stimmt nicht! Du hast nicht zu entscheiden, wer getötet und wer gerettet wird!"

Doch es kam genau so, wie Josef es vorausgesagt hatte: Der Mundschenk arbeitete nach drei Tagen wieder für den Pharao, der Bäcker aber wurde getötet.

LS 04.M2 Josef

Nachdenkzettel

A Schreibe auf.

1. Wie geht die Geschichte weiter?

2. Denkt der Mundschenk an Josef?

LS 05 Josef deutet die Träume des Pharaos

		Zeitrichtwert	Lernaktivitäten	Material	Kompetenzen
1	PL	5'	L gibt einen Überblick über den Ablauf der Stunde.		– die biblische Geschichte von den Träumen des Pharaos und der Traumdeutung Josefs kennen – Bilddetails nach einem Lehrer*innenvortrag ergänzen – ein Heft zu einer biblischen Geschichte gestalten
2	PL	10'	S hören Lehrer*innenvortrag.	M1	
3	EA	10'	S ergänzen Details in einem Bild des Traums von den sieben fetten und den sieben mageren Kühen.	M2	
4	PA	5'	S vergleichen zu zweit ihre Arbeitsergebnisse.		
5	EA	10'	S gestalten aus der Vorlage M3 ein kleines Heft zum Thema „Josef wird Wesir des Pharaos".	M3	
6	GA	5'	Es findet eine Fragerunde zum Verständnis der Geschichte statt.		

Erläuterungen zur Lernspirale

Ziel der Stunde ist die Vermittlung der biblischen Geschichte von der Traumdeutung Josefs für den Pharao und der Wende, die Josefs Leben von da an nimmt.

Zum Ablauf im Einzelnen

Im **1. Arbeitsschritt** erläutert die Lehrkraft den Kindern den Ablauf der Stunde.

Im **2. Arbeitsschritt** erzählt die Lehrkraft die biblische Geschichte, in der Josef mit Gottes Hilfe die Träume des Pharaos deutet und sein Leben sich daraufhin zum Guten wendet (M1).

Im **3. Arbeitsschritt** lösen die Kinder das Fehlersuchbild zu den sieben fetten und den sieben mageren Kühen (M2).

Im **4. Arbeitsschritt** vergleichen die Kinder ihre Arbeitsergebnisse zu zweit.

Im **5. Arbeitsschritt** gestalten die Kinder ein kleines Heft zu „Josef wird Wesir des Pharaos" (M3).

Daran schließt sich im **6. Arbeitsschritt** eine Fragerunde zum Verständnis der Geschichte an.

✓ Merkposten

M1 auf Folien kopieren und via Overheadprojektor oder Smartboard präsentieren

für die Bildung der Zufallsgruppen geeignete Losgegenstände (Kartenspiel, Ziffern- oder Buchstabenkarten) bereithalten

Scheren bereithalten

Notizen:

05 Josef deutet die Träume des Pharaos

Die Träume des Pharaos

Der Pharao von Ägypten hatte eine unruhige Nacht. Gleich zwei seltsame Träume beschäftigten ihn. Im ersten Traum sah er, wie sieben schöne fette Kühe am Ufer des Nils aus dem Fluss stiegen und am Ufer grasten. Dann stiegen weitere sieben Kühe aus dem Wasser. Sie waren mager und hässlich. Die mageren Kühe fraßen die fetten Kühe auf. Im zweiten Traum sah er zuerst einen Getreidehalm, aus dem sieben schöne dicke Ähren wuchsen. Aus dem Getreidehalm, den er danach sah, wuchsen ebenfalls sieben Ähren. Diese Ähren waren jedoch dürr und leer. Die dürren Ähren verschlangen die dicken Ähren.

Die Träume beunruhigten den Pharao. Er rief seine klügsten Gelehrten und Berater zu sich und forderte sie ungeduldig auf, die Träume zu deuten. Doch die Gelehrten konnten ihm nicht helfen. Sie wussten die Träume nicht zu deuten. Davon hörte der Mundschenk, dem Josef vor langer Zeit im Gefängnis einen Traum gedeutet hatte. Er erzählte dem Pharao davon und dass alles so eingetroffen war, wie Josef es damals vorausgesagt hatte. Der Pharao ordnete sofort an, dass Josef zu ihm gebracht werden sollte.

Als Josef schließlich vor dem Pharao stand, sagte der zu ihm: „Stimmt es, dass du Träume deuten kannst?"

Josef antwortete: „Nicht ich kann Träume deuten, aber Gott kann mir sagen, was deine Träume bedeuten."

Da erzählte der Pharao Josef, was er geträumt hatte. Josef sagte ihm, dass beide Träume das Gleiche bedeuteten: „Die sieben fetten Kühe und die sieben dicken Ähren stehen für sieben Jahre voller Reichtum und Ernten im Überfluss in ganz Ägypten. Danach folgen sieben Jahre mit einer Hungersnot, in der kein Korn auf dem Feld mehr reifen wird. Darum suche dir einen guten und klugen Verwalter, der große Lagerhallen für das Korn bauen und sie während der sieben reichen Jahre mit einem großen Teil der Ernte füllen lässt. Dann habt ihr einen Vorrat für die Zeit der Hungersnot und könnt ihn an die Menschen verkaufen, sodass sie nicht verhungern müssen."

Diesen Plan fand der Pharao gut. Er wollte, dass Josef selbst ihn ausführen sollte, und erklärte ihn zum zweitwichtigsten Mann in Ägypten. Alle sollten auf ihn hören. Er ernannte ihn zu seinem Wesir, dem höchsten Minister, über dem nur noch der Pharao selbst stand. Zum Zeichen seiner Macht erhielt Josef vom Pharao einen Siegelring, eine goldene Kette und einen prächtigen Mantel. So zog Josef durch Ägypten, ließ große Kornspeicher bauen und mit dem Überschuss der Ernten während der reichen Jahre füllen.

Josef LS 05.M2

Sieben fette Kühe und sieben magere Kühe

A Suche die fünf Fehler.

Heft „Josef wird Wesir des Pharaos"

A1 Male die Bilder an und schneide sie aus.

A2 Hefte die Bilder in der richtigen Reihenfolge zu einem Minibuch zusammen.

A3 Betrachte nun die Bilder und lies die Geschichte.

1. Josef wird vom Pharao zum Wesir ernannt. Er ist nun sein oberster Minister. Josef lässt große Lagerhallen für das Korn bauen.

2. Der Pharao stellt Josef seine Braut vor. Es ist Asenat. Josef heiratet Asenat und erzählt ihr von Gott.

3. Sieben Jahre lang gibt es in Ägypten reiche Ernten. Alle Lagerhallen werden mit Korn gefüllt.

4. Die sieben mageren Jahre beginnen. Es kommt zu einer großen Dürre und nichts wächst mehr. Die Erde ist völlig ausgetrocknet und kahl.

5. Die Ägypter können das Korn aus den Lagerhallen kaufen.

6. Die Menschen in Ägypten sagen: „Wir müssen nun bescheiden leben und sparsam mit unseren Vorräten umgehen. Doch wir sind Josef und seinem Gott dankbar. Durch ihn ist es so gekommen, dass wir große Vorräte angelegt haben und nun nicht verhungern müssen."

LS 06 Die Hungersnot und der Besuch aus Kanaan

		Zeitrichtwert	Lernaktivitäten	Material	Kompetenzen
1	PL	5'	L gibt einen Überblick über den Ablauf der Stunde.		– anhand eines roten Fadens in Form von Erzählkarten wichtige Bilddetails zu einer biblischen Geschichte herausfinden und festlegen – eine biblische Geschichte in der Gruppe mit Wachskreiden großformatig künstlerisch umsetzen – zielgerichtet arbeiten und kooperieren – Arbeitsergebnisse im Museumsrundgang präsentieren
2	PL	20'	S hören im Stuhlkreis die Geschichte über die Reise von Josefs Brüdern nach Ägypten. Anschließend lesen sie die in der Mitte des Kreises ausgelegten Erzählkarten.	M1, M2	
3	GA	10'	S finden sich über zugeloste Erzählkarten zu Gruppen zusammen, sammeln Ideen zur bildnerischen Umsetzung ihres Teils der Geschichte und notieren diese.	M2, M3	
4	GA	35'	S einigen sich auf die wichtigsten Bildelemente und setzen ihre Ideen auf Tonkarton mit Wachsmalkreide um.		
5	PL	20'	Die Präsentation der Bilder erfolgt im Museumsrundgang.		

Erläuterungen zur Lernspirale

Ziel der Doppelstunde ist die bildnerische Umsetzung der biblischen Geschichte von der Hungersnot und der Begegnung von Josef mit seinen Brüdern in Ägypten anhand eines roten Fadens und in Form von Erzählkarten.

Zum Ablauf im Einzelnen

Im **1. Arbeitsschritt** erläutert die Lehrkraft den Kindern den Ablauf der Stunde.

Im **2. Arbeitsschritt** finden sich die Kinder im Stuhlkreis zusammen und die Lehrkraft liest die Geschichte über die Reise von Josefs Brüdern nach Ausbruch der Hungersnot (M1) vor. Die Kinder lesen anschließend die Erzählkarten (M2), die die Lehrkraft während ihres Vortrags im Kreis ausgelegt hat, noch einmal laut vor. Dann lost die Lehrkraft den Kindern Erzählkarten zu, sodass sich anhand gleicher Erzählkarten Zufallsgruppen zusammenfinden.

In den Zufallsgruppen sammeln die Kinder im **3. Arbeitsschritt** Ideen zur bildnerischen Umsetzung ihres Teils der Geschichte und notieren diese auf einem Notizzettel (M3).

Im **4. Arbeitsschritt** einigen sich die Kinder auf die wichtigsten Bildelemente und setzen ihre Ideen mit Wachsmalkreide auf Tonkarton um.

Die Präsentation der Bilder erfolgt im **5. Arbeitsschritt** im Museumsrundgang.

✓ Merkposten

die Erzählkarten so oft kopieren, dass jedes Kind eine Erzählkarte erhält (Die Anzahl der einzelnen Erzählkarten richtet sich nach der gewünschten Gruppengröße.)

großformatigen Tonkarton und Wachsmalkreide bereithalten

Tipps

Bei der Präsentation im Museumsrundgang ist auf die chronologische Reihenfolge der Vorstellung der Bilder zu achten.

Notizen:

06 Die Hungersnot und der Besuch aus Kanaan

Die Hungersnot und der Besuch aus Kanaan

Auch in Kanaan herrschte während der sieben mageren Jahre, auf die die Ägypter sich mit Josefs Hilfe vorbereitet hatten, eine große Hungersnot. Als Jakob hörte, dass es in Ägypten noch Getreidevorräte zu kaufen gab, schickte er seine Söhne dorthin. Nur sein Sohn Benjamin blieb bei Jakob.

So machten sich die zehn Brüder auf die Reise nach Ägypten, um dort Korn zu kaufen. Josef erkannte seine Brüder, als sie sich vor ihm niederwarfen wie vor einem König. Sie baten darum, Korn kaufen zu dürfen, und ahnten nicht, mit wem sie es zu tun hatten.

Josef beschloss, seine Brüder auf die Probe zu stellen. Er fragte sie: „Wer seid ihr? Woher kommt ihr?"

Sie antworteten, dass sie aus Kanaan kamen und hier Korn kaufen wollten, weil in ihrem Land eine Hungersnot herrschte. Doch Josef unterbrach sie und entgegnete: „Ihr lügt, ihr seid Spione!"

Die Brüder versicherten ihm, dass sie ehrliche Leute waren, die alle zu einer Familie gehörten. Zwölf Brüder seien sie, von denen einer schon lange nicht mehr lebte, und der jüngste sei bei ihrem Vater geblieben. Da unterbrach Josef sie erneut und befahl: „Bringt euren jüngsten Bruder zu mir, sonst kann ich euch nicht glauben!"

Daraufhin ließ er die zehn Brüder einsperren.

Nach drei Tagen jedoch ließ er alle wieder frei und gab ihnen den Befehl: „Bringt das Getreide nach Hause zu eurer Familie! Einer von euch muss jedoch hier bleiben, bis ihr wiederkommt und den jüngsten Bruder mitbringt, damit ich sehe, dass ihr wirklich ehrliche Leute seid und nicht gelogen habt."

Die Brüder waren entsetzt. Sie sahen einander an und sagten: „Das ist die Strafe für das, was wir unserem Bruder Josef angetan haben. Wir sind an ihm schuldig geworden und nun müssen wir selbst dafür leiden."

Da kamen Josef, der die Sprache seiner Brüder verstand, die Tränen, als er hörte, was sie sagten. Doch er wischte sie unauffällig weg und ließ seinen Bruder Simeon vor den Augen der anderen fesseln und einsperren.

Josef ordnete an, die Behälter seiner Brüder mit Korn zu füllen, ihnen Verpflegung für die Reise zurück nach Kanaan zu geben und ihre Geldsäckchen heimlich und wieder gefüllt zum Getreide zu legen.

So kamen die Brüder ohne Simeon zu ihrem Vater zurück und erzählten, was ihnen zugestoßen war. Dann entdeckten sie ihre gefüllten Geldsäckchen und fürchteten, dass der mächtige Ägypter denken könnte, sie hätten ihn betrogen. Jakob aber wollte Benjamin nicht mit ihnen zurückschicken. Zu groß war seine Angst, auch noch den jüngsten Sohn zu verlieren.

Erzählkarten

1. Auch in Kanaan herrscht eine Hungersnot.

2. Jakob schickt zehn Söhne nach Ägypten, um Korn zu kaufen.

3. Sein Sohn Benjamin bleibt bei Jakob.

4. Die Brüder werfen sich vor Josef auf die Erde.

5. Die Brüder werden eingesperrt.

6. Simeon muss in Ägypten bleiben.

7. Neun Brüder kehren zu Jakob zurück.

8. Die Brüder finden Geld in den Getreidesäcken.

Notizzettel

A Wie stellt ihr euch ein Bild zu eurer Erzählkarte vor?
Welche Figuren und Gegenstände sind auf dem Bild zu sehen?
Schreibt eure Ideen auf.

Unsere Ideen für das Bild zur Erzählkarte Nr. _____:

_____
_____
_____
_____
_____
_____
_____

Notizzettel

A Wie stellt ihr euch ein Bild zu eurer Erzählkarte vor?
Welche Figuren und Gegenstände sind auf dem Bild zu sehen?
Schreibt eure Ideen auf.

Unsere Ideen für das Bild zur Erzählkarte Nr. _____:

_____
_____
_____
_____
_____
_____
_____

LS 07 Josef versöhnt sich mit seinen Brüdern

		Zeitrichtwert	Lernaktivitäten	Material	Kompetenzen
1	PL	5'	L gibt einen Überblick über den Ablauf der Stunde.		– eine Rückengeschichte erleben und mitgestalten – die menschliche Grunderfahrung Versöhnung erkennen und benennen – ein Bodenbild gestalten – Arbeitsergebnisse anderer würdigen
2	PL	20'	S nehmen aktiv an einer Rückengeschichte teil.	M1	
3	PL	10'	Es finden ein Blitzlicht und eine Fragerunde zur Methode statt.		
4	PL	10'	S singen im Stuhlkreis ein Lied zum Thema Versöhnung und reflektieren den Inhalt des Textes.		
5	EA	25'	S legen ein Bodenbild zum Thema Versöhnung.		
6	PL	20'	S präsentieren ihre Bodenbilder im Stuhlkreis.		

Erläuterungen zur Lernspirale

Ziel der Doppelstunde ist die mehrstufige, handlungsorientierte Erarbeitung der Geschichte von der Versöhnung Josefs mit seinen Brüdern im Rahmen der aktiven Teilnahme an einer Rückengeschichte und der Gestaltung eines Bodenbilds zum Thema Versöhnung.

Zum Ablauf im Einzelnen

Im **1. Arbeitsschritt** erläutert die Lehrkraft den Kindern den Ablauf der Stunde.

Im **2. Arbeitsschritt** nehmen die Kinder an der Rückengeschichte „Josef versöhnt sich mit seinen Brüdern" (M1) teil.

Im **3. Arbeitsschritt** erfolgt ein Blitzlicht zur Methode mit anschließender Fragerunde zum Verständnis der Geschichte.

Anschließend singen die Kinder im **4. Arbeitsschritt** im Stuhlkreis ein Lied zum Thema Versöhnung, z. B. „Wie ein Fest nach langer Trauer", und reflektieren den Inhalt des Textes. Alternativ kann der Liedtext auch vorgelesen werden. Hieraus entstehen Anregungen für ein Bodenbild zum Thema Versöhnung.

Im **5. Arbeitsschritt** legen die Kinder ein Bodenbild zum Thema Versöhnung. Hat die Lerngruppe noch keine Erfahrung mit dem Legen von Bodenbildern zu abstrakten Begriffen, erklärt die Lehrkraft, dass ein Begriff wie Versöhnung sowohl mit Formen als auch mit Farben ausgedrückt werden kann und jede Gestaltung ihre Berechtigung hat. Die Tücher, die als Unterlage für die Bodenbilder dienen, falten die Kinder nach ihren individuellen Vorstellungen und legen sie im Kreis nebeneinander auf dem Boden aus, nachdem sie die Stühle vom Stuhlkreis weggeräumt haben. Dann erhält jedes Kind ein kleines Körbchen, in das es eine Auswahl der bereitgestellten Legematerialien gibt, und damit sein Bodenbild zum Thema Versöhnung gestaltet. Dabei arbeiten die Kinder in Einzelarbeit und still.

Zur Präsentation der Bodenbilder im **6. Arbeitsschritt** können sich die Kinder hinter ihr Bodenbild auf einen Stuhl oder auf den Boden setzen. Die Kinder erhalten die Gelegenheit, ihr Bild vorzustellen und zu erzählen, welche Gedanken ihnen bei der Gestaltung wichtig waren. Natürlich müssen nicht alle Kinder berichten, wenn sie nicht möchten. Abschließend können die Kinder Fragen zu den Bodenbildern der anderen Kinder stellen.

✓ Merkposten

Tipps

Die Bodenbilder können mit Kett-Legematerialien oder mit selbst zusammengestellten Natur-, Stoff- und Papierkleinteilen gelegt werden. Anregungen hierzu findet man z. B. unter www.franzkett-verlag.de oder www.rpa-verlag.de.

Alternativ zur Gestaltung eines Bodenbilds können die Kinder auch ein Papiermosaik zum Thema Versöhnung aufkleben. Hierzu sollten Tonkarton, Kleber und Papierschnipsel in verschiedenen Farben bereitgestellt werden.

Der Text des Lieds kann auch in Gedichtform vorgetragen oder von den Kindern vorgelesen werden.

Notizen:

07 Josef versöhnt sich mit seinen Brüdern

Rückengeschichte „Josef versöhnt sich mit seinen Brüdern"

Anmerkungen: Rückengeschichten werden mit dem Finger oder der ganzen Hand auf dem Rücken eines Partners erzählt. Hierbei erzählt die Lehrkraft die Geschichte frei und macht die Bewegungen dazu vor.

Die Erzählvorlage kann sie auf einem Notenständer so positionieren, dass die Lehrkraft sich während der Durchführung gut daran orientieren kann. Die fett gedruckten Wörter in der linken Spalte werden mit den Bewegungen auf dem Rücken verdeutlicht. Die Beschreibung dazu findet sich jeweils parallel dazu in der rechten Spalte.

Die Bewegungen demonstriert die Lehrkraft entweder bei einem Kind oder in der Luft, sodass alle Beteiligten sie gut sehen können. Rückengeschichten können hintereinander stehend oder auch sitzend erzählt werden.

Wichtig ist die Freiwilligkeit der Teilnahme. In der Regel sind Rückengeschichten beliebt und die Kinder nehmen gerne aktiv daran teil.
Ist ein Kind jedoch unsicher oder äußert, dass es nicht teilnehmen möchte, ist es wichtig, darauf einzugehen und es ernst zu nehmen.

Folgende Regeln haben sich bewährt:
- Der Bereich auf dem Rücken, der berührt werden darf, wird vorher gezeigt: von den Schultern bis zur Taille.
- Es werden nur die Berührungen durchgeführt, die die Lehrkraft vormacht.

Erzählung mit Worten	Erzählung auf dem Rücken
Der Ägypter möchte, dass Jakob seinen Sohn **Benjamin** zu ihm bringen lässt.	Ein Strichmännchen zeichnen.
Jakob möchte das **nicht**.	Großes X auf Rücken zeichnen.
Doch die **Getreidekörner** sind bald aufgebraucht. Jakob und seine Familie brauchen neue **Körner**.	Mit den Fingerspitzen der Zeigefinger auf den Rücken tippen.
Jakob sagt: „Nehmt **Geschenke** mit und das Geld aus den Getreidesäcken von eurer ersten Reise. Gebt dem Mann alles und zahlt den **doppelten** Preis. Nehmt auch **Benjamin** mit."	In Rückenmitte beginnend ganze Hand auflegen, dann die andere Hand darauflegen etc. Die Zahl 2 zeichnen. Ein Strichmännchen zeichnen.
Die Brüder **ziehen mit ihren Kamelen nach Ägypten.** Der Wesir des Pharaos empfängt sie freundlich und sie **werfen sich wie bei ihrem ersten Besuch vor ihm nieder**.	Finger aufstellen und mit Fingern über den Rücken gehen. Mit Zeigefinger von oben nach unter rutschen, Hand an Endpunkt legen.
Als der Wesir Benjamin erkennt, ist er gerührt. Er wendet sich ab und **weint**.	Tränen auf Rücken zeichnen.
Dann isst er mit den Brüdern und beschließt, sie auf die Probe zu stellen.	Teller und Löffel auf Rücken zeichnen.
Seinen Dienern befiehlt Josef heimlich: „Füllt die Säcke mit Getreide und legt das Geld, das sie gezahlt haben, dazu. **Meinen Silberbecher legt in den Sack des jüngsten Bruders!"**	Umriss von einem Sack auf Rücken zeichnen und Becher hineinzeichnen.
Am nächsten Morgen **laden** die Brüder ihre **Säcke auf** die Kamele und begeben sich auf die **Heimreise**.	Hand am unteren Rücken auflegen, die andere Hand darauflegen etc. Finger aufstellen und mit Fingern über den Rücken gehen.

Josef

Erzählung mit Worten	Erzählung auf dem Rücken
Da holt sie der Verwalter des Wesirs ein und ruft: „**Halt,** bleibt stehen! Ihr habt den silbernen Becher meines Herrn gestohlen!"	Hand in die Mitte des Rückens mit ganzer Fläche auflegen.
Die Brüder rufen: „**Nein, das stimmt nicht!**" Sie lassen den Verwalter nachsehen und tatsächlich: Aus dem **Sack** des jüngsten Bruders fällt der **Becher** des Wesirs!	Großes X auf Rücken zeichnen. Umriss von einem Sack zeichnen. Ab Mitte des Sacks mit Fingern schnell nach unten laufen.
Die Brüder sind ratlos und kehren zurück zum Wesir. **Sie werfen sich ein drittes Mal vor ihm auf den Boden** und sagen: „Wir sind alle schuldig und ab jetzt deine Sklaven!"	Mit Zeigefinger auf den Rücken von oben nach unter rutschen, Hand an Endpunkt legen.
Doch der Wesir sagt: „Ich möchte nur Benjamin als Sklaven!"	Große 1 auf den Rücken zeichnen.
Da steht Juda auf. Er fasst sich ein **Herz** und sagt: „Unser Vater liebt gerade diesen Sohn sehr. Lass ihn frei und nimm mich als Sklave. Sonst stirbt unser Vater vor Kummer. Er hat schon einen Sohn verloren."	Großes Herz auf den Rücken zeichnen.
Da kann sich der Wesir nicht mehr beherrschen. Er merkt, dass die Brüder sich wirklich geändert haben, und schickt seine Diener hinaus. Dann gibt er sich seinen Brüdern zu erkennen: „**Seht mich an!** Ich bin Josef, euer Bruder!"	Zwei Augen nebeneinander auf den Rücken zeichnen.
Die Brüder sind fassungslos. Josef geht auf Juda zu und legt ihm **seine Hand auf die Schulter**. Er sagt: „Ihr braucht kein schlechtes Gewissen mehr zu haben. Gott hat mich nach Ägypten geschickt, damit ich die Menschen vor der Hungersnot bewahre. Ihr könnt mit unserem Vater hierherkommen. Ich werde für euch sorgen."	Eine Hand auf die Schulter legen.
Da freuen sich die Brüder sehr und Josef **versöhnt** sich mit ihnen.	Zweite Hand auf andere Schulter legen.

LS 08 Träume in der Bibel

		Zeitrichtwert	Lernaktivitäten	Material	Kompetenzen
1	PL	5'	L gibt einen Überblick über den Ablauf der Stunde.		– Träume, die in der Bibel eine wichtige Rolle spielen, kennen – eine Traumkiste nach Vorlage einer biblischen Erzählung gestalten – zielgerichtet arbeiten und kooperieren – Arbeitsergebnisse präsentieren
2	EA	10'	S schreiben ein Akrostichon zum Begriff Traum.	M1	
3	DK	10'	S stellen sich ihr Akrostichon im Doppelkreis vor.		
4	PL	15'	S hören einen Lehrer*innenvortrag zum Thema „Träume in der Bibel".	M2	
5	GA	25'	S finden sich über Traumkarten in Zufallsgruppen zusammen und gestalten eine Traumkiste.	M3	
6	PL	25'	S präsentieren ihre Traumkisten im Kinositz.	Traumkisten	

Erläuterungen zur Lernspirale

Ziel der Doppelstunde ist das Kennenlernen von Träumen, die in der Bibel eine wichtige Rolle spielen. Durch die handlungsorientierte Auseinandersetzung mit den Träumen im Rahmen der Gestaltung von Traumkisten erarbeiten die Kinder sich nachhaltige Kenntnisse zu Inhalt und Bedeutung der Träume im Kontext der jeweiligen biblischen Geschichte.

Zum Ablauf im Einzelnen

Im **1. Arbeitsschritt** erläutert die Lehrkraft den Kindern den Ablauf der Stunde.

Im **2. Arbeitsschritt** schreiben die Kinder ein Akrostichon zum Begriff Traum (M1). Ggf. kann es sinnvoll sein, vorab mit einem anderen Begriff einzuführen, wie ein Akrostichon erstellt wird.

Im **3. Arbeitsschritt** stellen die Kinder sich ihre Akrostichen im Doppelkreis gegenseitig vor.

Anschließend hören die Kinder im **4. Arbeitsschritt** einen Lehrer*innenvortrag über Träume in der Bibel.

Über zugeloste Traumkarten (M3) finden sich die Kinder im **5. Arbeitsschritt** zu Zufallsgruppen zusammen. Je nach gewünschter Gruppengröße können die drei Traumkarten von mehreren Gruppen bearbeitet werden. Die Kinder gestalten eine Traumkiste zu dem Traum, der auf ihrer Karte beschrieben ist. Dazu statten sie eine Pappkiste mit Gegenständen aus, die später dazu dienen, den Traum und seine Auswirkungen für die träumende Person anschaulich zu beschreiben. Die Kisten können bemalt, beklebt, mit Figuren und Gegenständen aus Pappe, Naturmaterial o. Ä. bestückt werden.

Die Präsentation der Traumkisten eingebunden in die Vorstellung der Träume erfolgt im **6. Arbeitsschritt** im Kinositz.

✓ Merkposten

Schuhkartons oder andere kleine Pappschachteln, Kleber und Bastelmaterial bereithalten

Tipps

Je nach Lesekompetenz der Kinder können die Texte auf den Traumkarten vorgelesen und besprochen werden, bevor die Traumkisten gebastelt werden.

Die Kinder können zusätzlich geeignetes Material von zu Hause mitbringen: Papier, Pappe, Watte, Naturmaterialien, kleine Bausteine und Figuren, ...

Notizen:

08 Träume in der Bibel

LS 08.M1 Akrostichon zum Begriff Traum

A Schreibe ein Akrostichon.

T
R
A
U
M

LS 08.M2 Erzählvorlage „Träume in der Bibel"

Träume in der Bibel

In der Bibel finden wir an verschiedenen Stellen Träume, im Alten Testament häufiger als im Neuen Testament. In manchen Träumen kommen Bilder vor, die aus dem Alltagsleben der Menschen stammen, so wie beim Mundschenk oder beim Bäcker des Pharaos. Als der Mundschenk und der Bäcker im Gefängnis von ihren Träumen erzählen, sind sie betrübt, weil niemand da ist, der ihre Träume deuten kann. Doch Josef sagt zu ihnen: „Ist das Traumdeuten nicht Sache Gottes? Erzählt mir eure Träume. Mit Gottes Hilfe will ich sie deuten."
Andere Träume handeln von grundlegenden Dingen, wie zum Beispiel bei Jakob, der von einer Leiter träumte, die von der Erde bis in den Himmel reicht und ihm zeigt, dass der Himmel für ihn offen ist. Außerdem hört er im Traum, wie Gott zu ihm spricht, denn auch das gibt es in Träumen, von denen wir in der Bibel lesen, zu entdecken.
Die Träume in der Bibel enthalten immer wieder Botschaften Gottes, so wie bei den Träumen des Pharaos. Durch die Träume teilt Gott mit, dass nach sieben reichen Jahren sieben magere Jahre mit einer großen Hungersnot folgen werden. Weil der Pharao das nun weiß, kann er mit Josefs Hilfe dafür sorgen, dass die Menschen sich auf die schweren Jahre vorbereiten und der Hungersnot nicht hilflos ausgeliefert sind.

Josef — LS 08.M3

Traumkarten

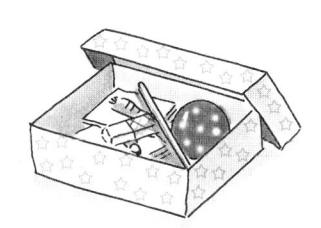

A1 Gestaltet eine Traumkiste zu der Geschichte.
Ihr könnt eure Traumkiste auch bemalen oder bekleben.

A2 Bastelt Gegenstände und Figuren, die in dem Traum vorkommen, und legt sie in eure Traumkiste.

Traumkarte 1: Die Himmelsleiter

Jakob war auf der Flucht. Er hatte seinem Bruder schweres Unrecht getan und seinen Vater Isaak betrogen. Deshalb hatte er ein schlechtes Gewissen und rannte von zu Hause weg.
Als es Abend wurde, legte Jakob sich schlafen. Er träumte von einer Leiter, die von der Erde bis zum Himmel reichte. Engel stiegen auf ihr hinauf und hinunter. Jakob hörte, wie Gott zu ihm sprach: „Ich werde dich behüten und wieder an diesen Ort zurückbringen. Dir und deinen Nachfahren wird das Land gehören, auf dem du jetzt liegst und schläfst."

Traumkarten

A1 Gestaltet eine Traumkiste zu der Geschichte.
Ihr könnt eure Traumkiste auch bemalen oder bekleben.

A2 Bastelt Gegenstände und Figuren, die in dem Traum vorkommen, und legt sie in eure Traumkiste.

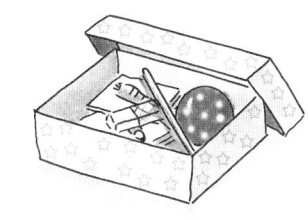

Traumkarte 2: Salomo bittet um Weisheit

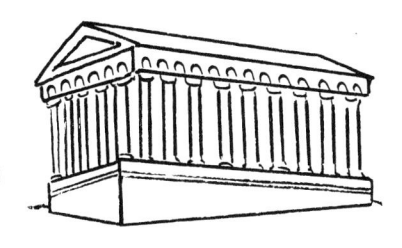

Salomo war der König von Israel. Eines Nachts hörte er im Traum, wie Gott zu ihm sprach: „Bitte mich, um was du willst!"
Das war ein tolles Angebot! Was hätte Salomo sich alles wünschen können … Doch er wünschte sich keinen Reichtum oder andere Dinge, die nur für ihn von Vorteil gewesen wären. Nein, er wünschte sich ein gehorsames Herz und Weisheit, um sein Land richtig zu regieren. Darüber freute sich Gott so sehr, dass er Salomo ein langes Leben, Reichtum und Ehre dazu schenkte.
Salomo nutzte die Gaben, die er von Gott erhalten hatte, und baute einen Tempel, der ein großartiges Bauwerk seiner Zeit war. Mit Schiffen trieb Salomo Handel mit anderen Völkern. Seine Schiffe brachten Gold, Silber, Bauholz und Tiere von ihren Fahrten mit.

Traumkarten

A1 Gestaltet eine Traumkiste zu der Geschichte.
Ihr könnt eure Traumkiste auch bemalen oder bekleben.

A2 Bastelt Gegenstände und Figuren, die in dem Traum vorkommen, und legt sie in eure Traumkiste.

Traumkarte 3: Gott spricht im Traum zu den Sterndeutern

Weit im Osten lebten Gelehrte, die sich gut mit den Sternen auskannten. Als sie einen neuen Stern am Himmel erblickten, erkannten sie in ihm einen Königsstern, der bedeutete, dass irgendwo ein neuer König geboren worden war. Sie machten sich auf den Weg, um vor dem Kind niederzuknien und ihm Geschenke zu bringen.

Auf ihrem Weg zu dem Kind trafen sie König Herodes, der ihnen sagte, dass sie das Kind in der Stadt Bethlehem finden würden. Er forderte sie auf, auf ihrem Rückweg wieder bei ihm vorbeizukommen und ihm Bescheid zu geben, wo sie ihn gefunden hätten, weil auch er den neuen König anbeten wollte.

Die Gelehrten fanden das Kind, es war Jesus. Sie knieten vor ihm nieder und breiteten ihre Geschenke aus.

Am nächsten Tag wollten sie sich wieder auf den Rückweg machen. Doch in dieser Nacht sprach Gott im Traum zu ihnen: „Geht nicht zu Herodes zurück und glaubt ihm nicht! Er will dem Kind schaden!"

Die Gelehrten hörten auf Gott und hielten sich an seine Anweisung.

Sie nahmen einen anderen Weg zurück in ihr Land, der nicht bei Herodes vorbeiführte.

Lerneinheit 1: Abraham

LS 02.M2/M3/M4

Puzzleteile

Abraham und Sara vertrauen Gott und ziehen in ein neues Land.

Isaak ist Abrahams und Saras einziger Sohn.

Isaak heiratet Rebekka. Sie bekommen zwei Söhne.

Esau und Jakob sind Zwillinge. Sie sind die Söhne von Isaak und Rebekka.

Jakob hat zwei Frauen: Rahel und Lea.

Jakob hat zwölf Söhne und eine Tochter. Sein Lieblingssohn heißt Josef.

LS 02.M6

Seiten für das Leporello

Abraham und Sara vertrauen Gott und ziehen in ein neues Land.

Isaak ist Abrahams und Saras einziger Sohn.

Isaak heiratet Rebekka. Sie bekommen zwei Söhne.

Esau und Jakob sind Zwillinge. Sie sind die Söhne von Isaak und Rebekka.

Jakob hat zwei Frauen: Rahel und Lea.

Jakob hat zwölf Söhne und eine Tochter. Sein Lieblingssohn heißt Josef.

Lösungen

LS 03.M2

Bildergeschichte

 Abraham und Sara lebten in Harran.	 Gott sprach zu Abraham: „Geh fort von hier in ein anderes Land! Ich will ein großes Volk aus dir machen und dich segnen."
 Abraham und Sara brachen auf in ein fremdes Land.	 Abraham zog viele Tage und Nächte von einem Weideplatz zum nächsten. Schließlich kam er in das Land Kanaan und Gott sprach: „Dieses Land will ich dir und deinen Nachkommen schenken."

LS 06.M5

Lückentext

Abraham und **Sara** wünschen sich von ganzem **Herzen** ein Kind. Doch sie sind schon sehr **alt**. **Gott** verspricht ihnen einen **Sohn**. **Abraham** glaubt Gott. **Abraham** vertraut Gott.

Eine lange **Zeit** vergeht. **Abraham** vertraut weiter auf Gott. Gott hält sein Versprechen. Gott schenkt **Abraham** und **Sara** einen Sohn. Sie nennen ihn **Isaak**.

LS 08.M1

Abraham – Segensspuren

① Gott ruft Abraham.
③ Abraham zieht durch das Land Kanaan.
⑤ Abraham und Sara bekommen Besuch.
⑦ Abraham findet eine Frau für Isaak.
⑨ Isaak und Rebekka bekommen Zwillinge.

② Abraham geht mit Gott in ein neues Land.
④ Gott verspricht Abraham so viele Nachkommen, wie Sterne am Himmel stehen.
⑥ Isaak wird geboren.
⑧ Isaak und Rebekka heiraten.

Lerneinheit 2: Josef

LS 02.M1

Josef wird von seinen Brüdern verkauft

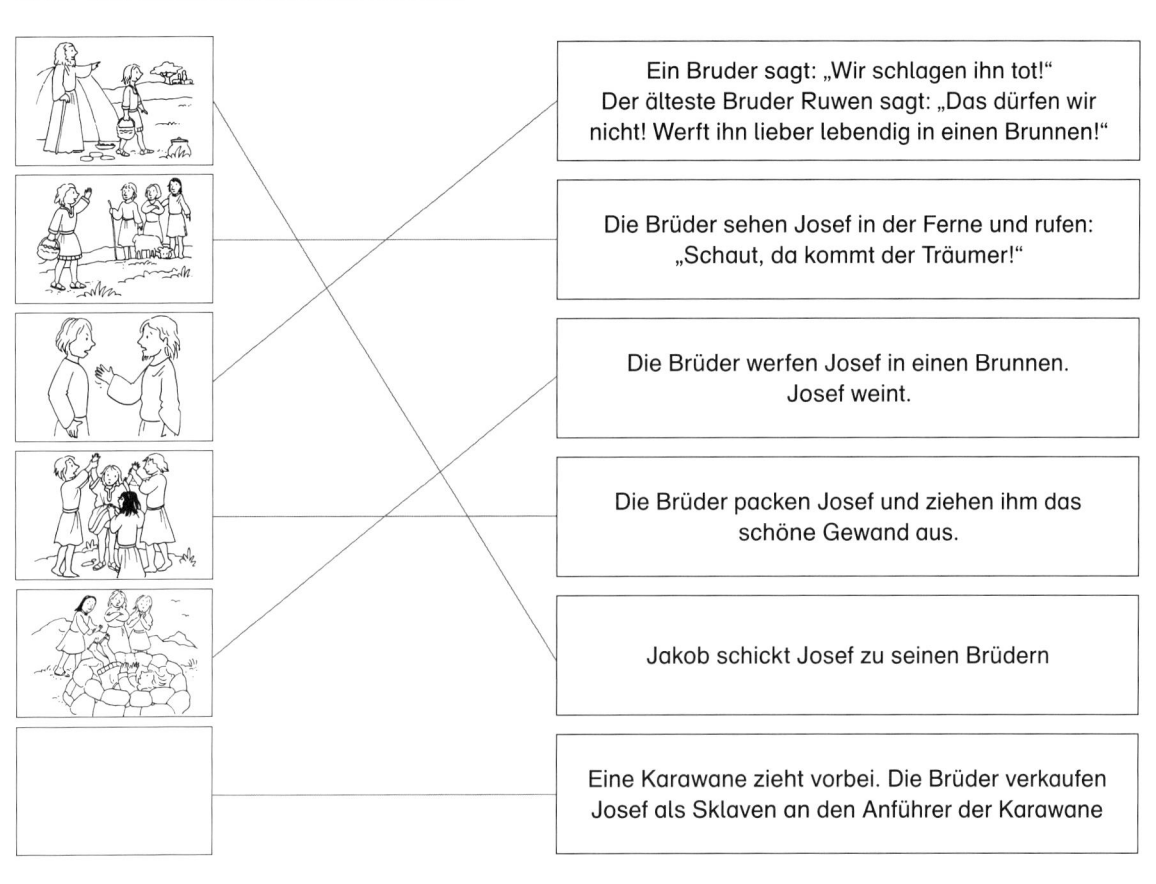

1	Jakob schickt Josef zu seinen Brüdern
2	Die Brüder sehen Josef in der Ferne und rufen: „Schaut, da kommt der Träumer!"
3	Ein Bruder sagt: „Wir schlagen ihn tot!" Der älteste Bruder Ruwen sagt: „Das dürfen wir nicht! Werft ihn lieber lebendig in einen Brunnen!"
4	Die Brüder packen Josef und ziehen ihm das schöne Gewand aus.
5	Die Brüder werfen Josef in einen Brunnen. Josef weint.
6	Eine Karawane zieht vorbei. Die Brüder verkaufen Josef als Sklaven an den Anführer der Karawane

LS 05.M2

Sieben fette Kühe und sieben magere Kühe

Glossar

Akustisches Zeichen: Mithilfe eines Glöckchens, eines Klangstabes oder irgendeines anderen akustischen Instruments wird den Schüler*innen z. B. das Ende einer Arbeitsphase oder das Überschreiten eines bestimmten Lärmpegels signalisiert.

Arbeitsteilige Gruppenarbeit: Die Klasse wird in mehrere Gruppen mit unterschiedlichen Arbeitsaufträgen und/oder Materialien aufgeteilt. Das arbeitsteilige Vorgehen kann themengleich oder themendifferenziert angesetzt werden.

Blitzlicht: Die Schüler*innen äußern sich in Kurzform zu einem bestimmten Thema/Reizwort/Problem. Sie äußern Assoziationen oder bringen Erfahrungen, Meinungen bzw. Vorwissen ein. Die Äußerungen sind knapp, spontan und werden nicht weiter kommentiert.

Doppelkreis/Kugellager: Die Schüler*innen sitzen oder stehen sich in einem Innen- und Außenkreis paarweise gegenüber und halten sich wechselseitig Vorträge, führen Interviews etc. Die Hälfte der Klasse ist also mündlich aktiv. Durch Rotation einer der beiden Kreise entstehen neue Paarkonstellationen.

Einzelarbeit (EA): Die Schüler*innen sind bei der Bearbeitung des jeweiligen Arbeitsauftrags auf sich allein gestellt und gehen in Stillarbeit daran, bestimmte Aufgaben zu lösen.

Feedback: Die Schüler*innen geben Mitschüler*innen oder auch Lehrkräften Rückmeldungen zu bestimmten Arbeitsphasen bzw. Arbeitsweisen. Das Feedback folgt bestimmten Regeln und sollte auf jeden Fall fair und ermutigend sein.

Gruppenarbeit (GA): Die Schüler*innen arbeiten in Kleingruppen mit in der Regel drei bis fünf Personen zusammen. Die Gruppenarbeit kann aufgabengleich oder aufgabendifferenziert angelegt sein.

Kooperative Präsentation: Zum Abschluss einer Gruppenarbeit präsentieren zwei oder mehr Schüler*innen das jeweilige Gruppenergebnis. Wer präsentiert, kann ausgelost werden. Die Präsentation muss so vorbereitet werden, dass alle in etwa gleichgewichtig zu Wort kommen.

Kinderkino/Kinositz: Die Schüler*innen kommen in Halbkreisen im Sitzen vor die Tafel. So ist ein Blick auf die Tafel gewährleistet.

Lehrer*innenvortrag: Die Lehrkraft präsentiert/erläutert lernrelevante Sachverhalte an der Tafel oder in anderer Weise im Plenum. Damit wird den Schüler*innen „Futter" für die Eigenarbeit gegeben.

Leporello: Alle Schüler*innen erstellen zu einem abgeschlossenen Thema ein Faltbuch, das ziehharmonikaartig zusammengelegt ist. Auf den einzelnen Seiten werden die verschiedenen Unterkategorien des Themas möglichst anschaulich und vollständig dargestellt.

Losverfahren: Die Schüler*innen werden nach dem Zufallsprinzip gruppiert. Das kann durch Abzählen, Nummern auf Arbeitsblättern oder durch Ziehen von Spielkarten, Puzzleteilen, Symbolkarten, Namenskarten etc. geschehen.

Museumsrundgang: Die Schüler*innen sichten allein oder in Gruppen die im Klassenraum aushängenden bzw. ausliegenden Lernprodukte, holen Informationen ein und besprechen etwaige Unklarheiten.

Partner*innenarbeit (PA): Die Schüler*innen arbeiten paarweise zusammen und berichten, helfen und unterstützen sich gegenseitig. Auch Tandem genannt.

Placemat: Jede Vierergruppe erhält ein Blatt Papier, das in vier Bereiche unterteilt ist. Zunächst wird in Einzelarbeit in einem Bereich des Placemats die Meinung zu einem bestimmten Thema notiert. Nach der Besprechung innerhalb der Gruppe wird die Gruppenmeinung in der Mitte des Blattes eingetragen.

Plenum (PL): Arbeitsphasen, in denen die Gesamtgruppe angesprochen wird – durch Lehrer*innenvorträge, lehrkraftgelenkte Unterrichtsgespräche oder Schüler*innenpräsentationen.

Stafettenpräsentation: Die Schüler*innen stehen in gestaffelten Halbkreisen vor der Pinnwand/Tafel und heften ihre vorbereiteten Stichwortkarten nach und nach an. Alle haben in der Regel nur eine Karte und müssen von Fall zu Fall entscheiden, ob und wie sie sich anschließen möchten.

Stuhlkreis: Die Schüler*innen sitzen in einem großen Kreis und führen ein regelgebundenes Gespräch. Sie geben das Wort weiter, halten Blickkontakt und üben sich in freier Rede.

Tischtheater: Die Schüler*innen erwecken mithilfe von Kulissen und Figuren Personen zum Leben und versetzen sich in sie hinein.

Zufallsgruppe/Zufallstandem: Gruppen- bzw. Tandembildung mittels Abzählen, Spielkarten, Puzzlebildung, Namenskärtchen oder anderen Formen des Losverfahrens.

Zufallsprinzip: Grundsatz, dass bei der Gruppenbildung oder bei der Auswahl von Präsentatoren auf den Zufall gesetzt und ausgelost wird.

Weitere Begrifflichkeiten finden Sie im Internet unter www.klippert-medien.de/glossar